ミラクルラブリー♥

感《かん》動《どう》のどうぶつ物《もの》語《がたり》

命《いのち》の輝《かがや》き

編著♥青空 純

西東社

青空純物語《あおぞらじゅんものがたり》

～大切《たいせつ》な命《いのち》～

第《だい》1話《わ》

トラブル発生《はっせい》!

突然《とつぜん》、店中《みせじゅう》に響《ひび》きわたった怒鳴《どな》り声《ごえ》!!　それを聞《き》いていた純《じゅん》は…。

部屋中《へやじゅう》におしっこして しかったらかみつくわ 一晩中《ひとばんじゅう》鳴《な》き続《つづ》けて うるさくて眠《ねむ》れやしないっ
お店《みせ》では おとなしかったから 買《か》って帰《かえ》ったのにっ
これじゃ 詐欺《さぎ》じゃない!!
クレーマー…?
ざわ…
おっ お客様《きゃくさま》 少《すこ》し落《お》ち着《つ》い
…
とにかくこの犬《いぬ》は いりません!
別《べつ》のおとなしい犬《いぬ》と 交換《こうかん》してちょうだい

それでなければ お金《かね》を返《かえ》して!! だまされたんだから!!
わたしは今《いま》 飼《か》い主《ぬし》の身勝手《みがって》で 捨《す》てられた 子犬《こいぬ》と 暮《く》らしていて
その子犬《こいぬ》…コロロと 出会《であ》ったときのことが 一瞬《いっしゅん》にして思《おも》い出《だ》されました
※『感動《かんどう》のどうぶつ物語《ものがたり》 運命《うんめい》とキズナ』も見《み》てね。
保育園《ほいくえん》の前《まえ》に 捨《す》てられていた そうなの
まったく ひどいわ…
不安《ふあん》で さみしげで おびえた瞳《ひとみ》――…
ギュ…ッ
あなたでは 話《はなし》にならない!
店長《てんちょう》を呼《よ》んで きなさい!
早《はや》く!!!

物《もの》じゃないんだから
簡単《かんたん》に「いらない」とか言《い》わないでください
…は？
アルバイトの青空純《あおぞらじゅん》です
なんだおまえ…
失礼《しつれい》ですがそのワンちゃんお迎《むか》えしてからまだ1週間《しゅうかん》も経《た》っていませんよね？
そのコはまだ赤《あか》ちゃんです知《し》らない家《いえ》に突然《とつぜん》連《つ》れて行《い》かれて「ここがわたしの家《いえ》でこの人《ひと》がママ」なんてすぐには理解《りかい》できません

不安《ふあん》で夜鳴《よな》きだってします
トイレを覚《おぼ》えるまではあちこちにおしっこします
興味《きょうみ》本位《ほんい》でいろんなものをかんだりもします
人間《にんげん》の赤《あか》ちゃんだってそうですよね
ぬいぐるみじゃないんです
そのコは
わたしたちと同《おな》じ生《い》き物《もの》なんです!!

どうぶつと暮《く》らすって楽《たの》しいことばかりじゃないです
病気《びょうき》になったり
思《おも》いがけずつらいことがおきたり…
でも一緒《いっしょ》に乗《の》り越《こ》えて一緒《いっしょ》に幸《しあわ》せになるんです…!
ペットだからって……
命《いのち》を軽《かる》く考《かんが》えていいはずがない……——

ミラクルラブリー♡

どうぶつ写《しゃ》真《しん》館《かん》

思《おも》わずキュン♡となるかわいいペットたちの写真《しゃしん》が
読者《どくしゃ》のみんなから届《とど》いたよ！
（みんなも最後《さいご》のページの左側《ひだりがわ》を見《み》て、お気《き》に入《い》りのどうぶつ写真《しゃしん》を送《おく》ってね。）

小《しょう》動《どう》物《ぶつ》

フェレット

なになに？

いつもは針《はり》を立《た》てないよ！

ハリネズミ

愛《あい》くるしい姿《すがた》♡

耳《みみ》がオシャレでしょ！

ウサギ

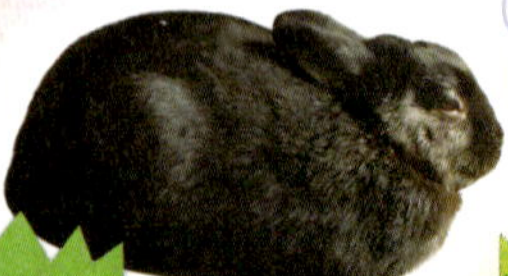

やさしくさわってね！

モルモット

ヒョコッ

ベストショット!!
インコ
まばたきの瞬間《しゅんかん》
着地《ちゃくち》のポーズ
ちょうの羽化《うか》
じっー!!
スマホのりインコ
小《ち》さい体《からだ》でパワー全開《ぜんかい》!
インコ
インコ
デグー
ハムスターじゃないよ! ぼくデグー
ウーパールーパー
いつも仲《なか》よし!
モグモグ
ハムスター

犬《いぬ》&ネコ
スマイル☺
お呼《よ》びですか?
見《み》つめる先《さき》には…☆
ジロッ!

桜《さくら》とパシャリ☆
17歳《さい》だワン!!
ダラ～ン
ふう～
のんびりリラ～ックス
zzz…
エヘッ
落《お》ち着《つ》くな～

ぼくらのお気《き》に入《い》り♥

BABY
ネコパンチ!
ミャ〜
楽《たの》しいニャ〜♪
ゴクゴク
こんにちは赤《あか》ちゃん!!

もくじ

第1話 【青空純物語《あおぞらじゅんものがたり》】トラブル発生《はっせい》！ …… 2
どうぶつ写真館《しゃしんかん》 …… 8

第《だい》1章《しょう》 小《ちい》さな命《いのち》と向《む》き合《あ》って

第2話 車《くるま》いすのフク …… 16
第3話 愛《あい》のささやき …… 33
第4話 このコたちに生《い》きる場所《ばしょ》を …… 50
第5話 さよならアイル …… 60
第6話 わたしにできること …… 78
第7話 そしてキミは月《つき》へ帰《かえ》った …… 96
第8話 飼《か》い主《ぬし》を救《すく》ったタマ …… 113
人間《にんげん》の力《ちから》になってくれる!! 働《はたら》く犬《いぬ》たち …… 120
第9話 心《こころ》のバリア …… 122
第10話 ビューティマジック！ …… 138
トリマーひとみのワンちゃんのビューティケアレッスン …… 153
第11話 そばにいるよ …… 154
第12話 【青空純物語《あおぞらじゅんものがたり》】深《ふか》まるキズナ …… 170

第《だい》2章《しょう》 生《い》きる力《ちから》、つながる命《いのち》

第13話 【青空純物語《あおぞらじゅんものがたり》】命《いのち》の教室《きょうしつ》 …… 178
第14話 母《はは》になったリアン …… 186
第15話 傷《きず》ついたイルカ …… 204
もっと知《し》りたい！ イルカのこと …… 225
第16話 ライオンの掟《おきて》 …… 226
第17話 わが子《こ》のために …… 236
第18～25話 どうぶつびっくり子育《こそだ》て …… 250
第26話 都会《とかい》で生《い》き抜《ぬ》くタヌキ …… 254
第27話 ありがとう花子《はなこ》 …… 264
第28話 【青空純物語《あおぞらじゅんものがたり》】どうぶつたちとともに …… 280

《おことわり》
ペットが迷子《まいご》になってしまった、または保護《ほご》した場合《ばあい》には、最寄《もよ》りの警察署《けいさつしょ》・保健所《ほけんじょ》・動物愛護《どうぶつあいご》センターなどに届《とど》け出《で》が必要《ひつよう》です。

第《だい》1章《しょう》

小《ちい》さな命《いのち》と向《む》き合《あ》って

たくさんの幸《しあわ》せをくれるペットとの生活《せいかつ》。
それぞれの家族《かぞく》が築《きず》き上《あ》げる
どうぶつと飼《か》い主《ぬし》のキズナや、それを
支《ささ》える人《ひと》たちの心温《こころあたた》まるお話《はなし》だよ。

～ともに生《い》きる～

第《だい》2話《わ》 車《くるま》いすのフタ

障害《しょうがい》をもった犬《いぬ》のフク。その出会《であ》いは運命《うんめい》だった！

フク
いい天気《てんき》だねぇ
桜《さくら》がキレイだな
ワン！
ワン♪ ワン♪
おいおい もう少《すこ》し ゆっくり 歩《ある》いておくれ
あら！

こんにちは～
ワンちゃんの
その足《あし》
どうしたんですか？
おけが⁉
病気《びょうき》で動《うご》かないんですよ
まあ
かわいそうにぃ～

お世話《せわ》するのも大変《たいへん》でしょう? いい飼《か》い主《ぬし》さんでワンちゃん幸《しあわ》せものねー
…いや わたしは…
フクとの出会《であ》いは1年前《ねんまえ》…… 偶然《ぐうぜん》だった
渡辺《わたなべ》さん 長《なが》い間《あいだ》おつかれさまでした

定年退職《ていねんたいしょく》して
自由《じゆう》な時間《じかん》ができたころ
日課《にっか》のウォーキング中《ちゅう》に
なんとなく足《あし》が止《と》まった
保護犬《ほごけん》…
譲渡会《じょうとかい》…？
保護犬譲渡会
ボランティア団体《だんたい》が
開催《かいさい》する
捨《す》て犬《いぬ》と新《あたら》しい家族《かぞく》との
出会《であ》いの場《ば》
ご興味《きょうみ》が
おありですか？
いえ…
犬《いぬ》は
ちょっと…

お時間《じかん》があれば見学《けんがく》だけでもしていってください
ワンちゃんたちかわいいですよ
えっ…
いいですいいですっ
ではこちらへどうぞ～
あのっその「いい」ではなくて…
スタッフさんにうながされて気《き》づけば会場《かいじょう》を案内《あんない》されていた
いろんなコがいるなあ…

……
ミニチュアダックスフンド
ありがとうございました
ぜひご検討《けんとう》ください
……

名前《なまえ》はフクかぁ
「下肢《かし》に障害《しょうがい》」…
フク
・種類《しゅるい》：ミニチュア・ダックスフンド
・性別《せいべつ》：オス
・年齢《ねんれい》：３歳《さい》ぐらい
・性格《せいかく》：おだやかで人なつこい
・特徴《とくちょう》ほか：下肢《かし》に障害《しょうがい》あり
澄《す》んだキレイな目《め》をていたな
……いかん
あの日以来《ひいらい》犬《いぬ》は飼《か》わないと心《こころ》に決《き》めている
わたしは記憶《きおく》を封《ふう》じ込《こ》めるようにチラシをポケットの奥《おく》につっこんだ

サクラ…
わたしには
犬《いぬ》を飼《か》う
資格《しかく》などないのだ
――数日後《すうじつご》
なんでチラシが…
洗濯《せんたく》するとき
ズボンの
ポケットから
出《で》てきたのよ

このフクちゃん ってコが 気《き》になってね 保護施設《ほごしせつ》を一度《いちど》 見《み》たいと思《おも》ったの
ねえ どうかしら？
フク
：ミニチュア・ダックスフンド
別：オス
・年齢：３歳くらい
・性格：おだやかで人なつこい
・特徴ほか：下肢に障害あり
もう一度《いちど》 犬《いぬ》を飼《か》ってみたいわ 時間《じかん》もたっぷり あるものね

まっすぐに
わたしを見《み》つめてきたんだ
その目《め》を見《み》たとき
このコは生《い》きたいんだって思《おも》ったよ
サクラが引《ひ》き合《あ》わせてくれたのかもしれない
言葉《ことば》を止《と》められなかった

結婚《けっこん》してすぐ
わたしたちは
犬《いぬ》を飼《か》った
フクと同《おな》じ
ミニチュア
ダックス
フンドだ
桜《さくら》が満開《まんかい》のころに
やってきたから
「サクラ」と名《な》づけた
ところが3歳《さい》になってすぐ
病気《びょうき》が見《み》つかり
サクラは
あっという間《ま》に
逝《い》ってしまった
助《たす》けてやれなかった
後悔《こうかい》から
わたしたちはサクラの
話《はなし》をさけてきた
しかし
何十年《なんじゅうねん》もこらえていた
気持《きも》ちがあふれて——

サクラとの
思《おも》い出《で》を
語《かた》り合《あ》った
青《あお》みがかった
灰色《はいいろ》の毛《け》が
美《うつく》しかったサクラ
耳《みみ》をパタパタさせて
走《はし》る姿《すがた》が
愛《あい》らしかったサクラ
小《ちい》さな体《からだ》で
病《やまい》とたたかったサクラ
サクラ
サクラ
サクラ…
フクちゃん

こっちに おいで
こわがらなくて 大丈夫《だいじょうぶ》だよ
下肢《かし》が動《うご》かないので しっぽはふれませんが
目《め》で わかりますね すっごく うれしそう
フクちゃん こんにちは
…でも

本当《ほんとう》にいいんですか？
障害《しょうがい》のある犬《いぬ》のお世話《せわ》は考《かんが》えるより大変《たいへん》です
最後《さいご》までお世話《せわ》できますか？
スタッフさんも真剣《しんけん》だった

はい
どんなことがあっても最後《さいご》まで責任《せきにん》をもって飼《か》います
フクを大切《たいせつ》にします

…ということがありましてね
すみません つい長話《ながばなし》をしてしまって…
いいえ〜
ステキなお話《はなし》…本当《ほんとう》にいい飼《か》い主《ぬし》さんに出会《であ》えてよかったわねぇ
フクちゃんは幸《しあわ》せ者《もの》だわっ

いやっ
わたしが…
わたしたちが幸《しあわ》せなんですよ
フクが家《うち》に来《き》てくれて
わたしたちにたくさんの笑顔《えがお》をくれるフク
サクラとの思《おも》い出《で》を胸《むね》にこれからもともに生《い》きていく

〜守《まも》るべき命《いのち》〜

第《だい》3話《わ》 愛《あい》のささやき

友《とも》だちからゆずり受《う》け、2羽《わ》のインコを飼《か》い始《はじ》めた美野里《みのり》だったが……。

もう少《すこ》ししたら
ひとりでエサを
食《た》べられるように
なるんだって
そしたら
うちには1羽《わ》残《のこ》して
飼《か》いたい人《ひと》にゆずろうか
って
ママが言《い》ってるの
飼《か》いたい！
まずは
パパママに
聞《き》いて
みてから
だね
うん！
お母《かあ》さん
お願《ねが》い～
ちゃんと世話《せわ》
するのよ
わかってる
飼《か》うからには――

うーんとかわいがるんだっ!!
おはようミズちゃんアオちゃん
ピャッ
ピヨッ
今出《いまだ》してあげるからねー――…
ばっ
ば
わっ
ミズちゃんアオちゃん大好《だいす》きな豆苗《とうみょう》よ♡
うふ
あっ
お母《かあ》さんエサでつってズル～イ!
おいしいんだね～
キャッ
キャッ
ほかの葉《は》っぱも食《た》べるかしら?
ほうれん草《そう》はだめって言《い》ってたけど――…

あ…
ばさっ
キミたちは いつも 一緒《いっしょ》だなー
わぁ…
毛《け》づくろい してるー
羽《は》づくろい ね！
仲良《なかよ》し～
いやしだわ…
あれ？ ミズちゃん モコモコしてる

ぷっくり姿《すがた》もかわいいなぁ♡
美野里《みのり》ー お夕飯《ゆうはん》のしたく手伝《てつだ》ってー
はーい
ミズちゃん アオちゃん おはよー♪

えっ…
キュル
ミズちゃん!?
やだ…うそっ
冷《つめ》たい…なんで!?
起《お》きて!
ギギギッ
昨日《きのう》はあんなに元気《げんき》だったのに……

ギギーッ
ギーッ
ミズちゃんのおはか
美野里《みのり》ちゃん!
ハァ
ハァ
……っ
ハァ
じわ…
ごめんねっ せっかく ゆずって くれたのに
しっ… 死《し》なせちゃった……

美野里《みのり》ちゃんのせいじゃないよ
でもっ…
きっと生《う》まれつき体《からだ》が弱《よわ》かったんだよ
でも――…
わたしが具合《ぐあい》悪《わる》そうなことに気《き》づいてあげられていれば
こんなことには――……
おはよアオちゃん
?
今日《きょう》は元気《げんき》ないねー
あいてるよおいでー?
じー…
ほら豆苗《とうみょう》っ
粟穂《あわほ》もあるよ

え…
は…
――まさか
まさか
アオちゃんも
病気《びょうき》――――…!?
お母《かあ》さんっ
困《こま》ったわ…
鳥《とり》を診《み》てくれる
動物病院《どうぶつびょういん》って
意外《いがい》とないのね…
ここも
犬猫病院《いぬねこびょういん》…
チラ…
そんな…
探《さが》す間《あいだ》に
アオちゃんの
病気《びょうき》が悪《わる》く
なっちゃっ
たら――――…
美野里《みのり》？
ダッ

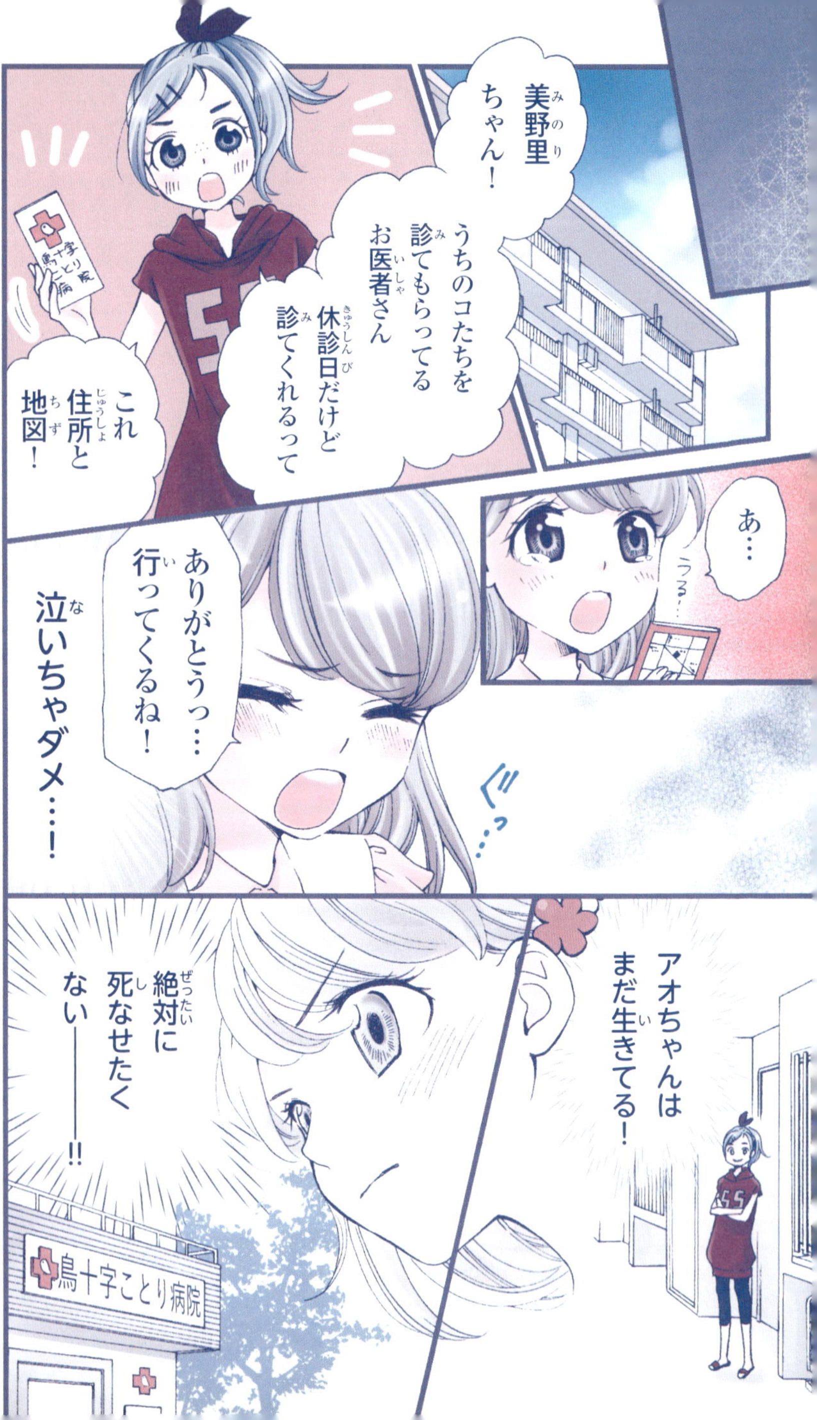
美野里《みのり》ちゃん！
うちのコたちを診《み》てもらってるお医者《いしゃ》さん
休診日《きゅうしんび》だけど診《み》てくれるって
これ住所《じゅうしょ》と地図《ちず》！
鳥十字ことり病院
あ…
うる…
ありがとうっ…行《い》ってくるね！
泣《な》いちゃダメ…！
ぐっ…
アオちゃんはまだ生《い》きてる！
絶対《ぜったい》に死《し》なせたくない――!!
鳥十字ことり病院

どうしよう
もし
アオちゃんが
病気《びょうき》だったら
――……
ギュッ…
ふむ…
体《からだ》はしっかりしているし
うんちもキレイだ
病気《びょうき》は見当《みあ》たらないな
じゃあどうして元気《げんき》が…
うーん…
仲間《なかま》を亡《な》くしてさみしい…のかな
さみしい…
インコはね
野生《やせい》では群《む》れで暮《く》らす生《い》き物《もの》なんだよ
だから1羽《わ》になると不安《ふあん》になる――……

これからは キミが アオちゃんの仲間《なかま》に なってあげて ください
わたしが アオちゃんの 仲間《なかま》に――……
仲《なか》よくなるには まず相手《あいて》を知《し》ること!
――という お医者《いしゃ》さんの アドバイスに ならって
小鳥《ことり》の飼《か》い方《かた》 教室《きょうしつ》に参加《さんか》 したり
本《ほん》を読《よ》んだり した
インコ
病気かも
みのがさない
くらんで動かない
知《し》らない ことだらけ だった

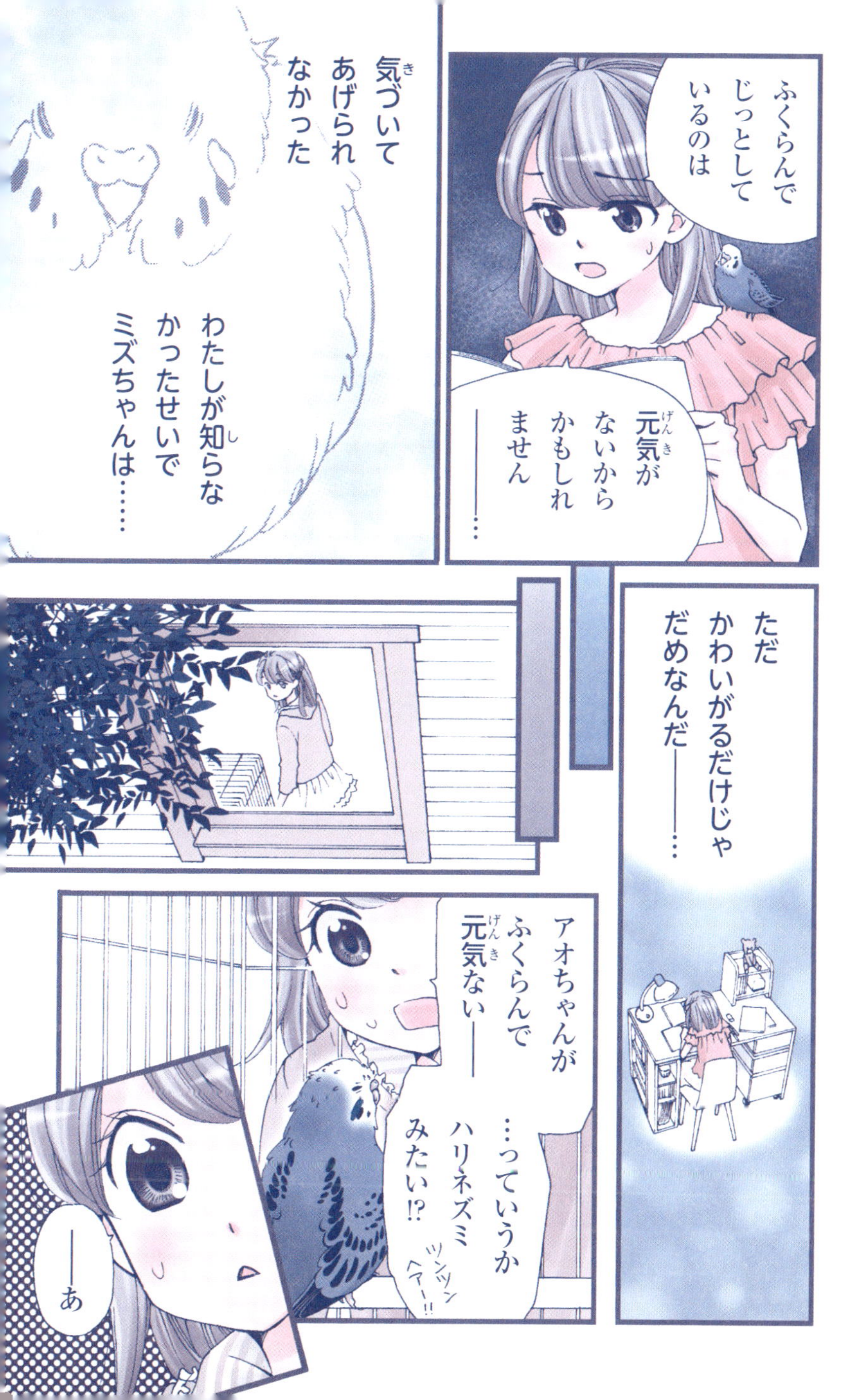
ふくらんで じっとして いるのは
元気《げんき》が ないから かもしれ ません ——…
気《き》づいて あげられ なかった
わたしが知《し》らな かったせいで ミズちゃんは……
ただ かわいがるだけじゃ だめなんだ——…
アオちゃんが ふくらんで 元気《げんき》ない——
…っていうか ハリネズミ みたい!?
ツンツン ヘアー!!
——あ

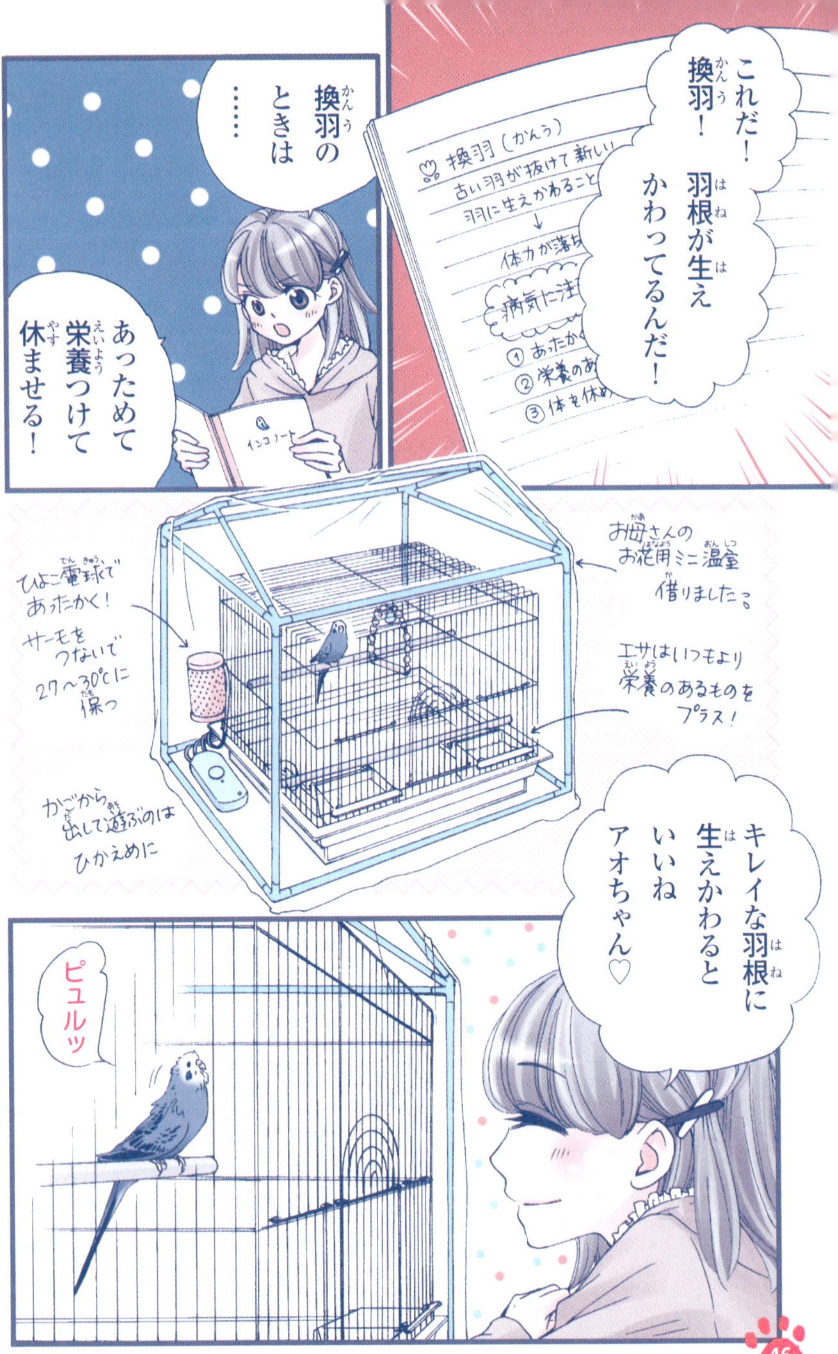
これだ！換羽《かんう》！羽根《はね》が生《は》えかわってるんだ！
換羽（かんう）
古い羽が抜けて新しい
換羽《かんう》のときは……
あったためて栄養《えいよう》つけて休《やす》ませる！
インコノート
お母《かあ》さんのお花用《はなよう》ミニ温室《おんしつ》借《か》りました。
ひよこ電球《でんきゅう》であったかく！
サーモをつないで27〜30℃に保《たも》つ
エサはいつもより栄養《えいよう》のあるものをプラス！
かごから出《だ》して遊《あそ》ぶのはひかえめに
キレイな羽根《はね》に生《は》えかわるといいねアオちゃん♡
ピュルルッ

そして羽根《はね》も生《は》えかわったころ──…
アオちゃん おはよー 寒《さむ》くなってきたね──…
ヂ…
…オハヨー!
アオちゃん 今《いま》…おはよって言《い》った?
ギュ ヂュルルル…
キュピッ… ジジジジジッ…
インコが人間《にんげん》の言葉《ことば》を真似《まね》るのはなぜだと思《おも》いますか?

鳥《とり》は声《こえ》でコミュニケーションをとるどうぶつです
なかでも好《す》きな相手《あいて》へのさえずりは愛《あい》のささやきともいえます
では人間《にんげん》の言葉《ことば》を真似《まね》るのは？
——そう人間《にんげん》を仲間《なかま》と思《おも》い——
オウム
アジア・アメリカ
上手
☆一夫一婦
食べもの
好《す》きな人間《にんげん》と共通《きょうつう》の言葉《ことば》で愛《あい》をささやくため——……
アオちゃんわたしを仲間《なかま》だと認《みと》めてくれたの？
好《す》きになってくれたの？
とん
オハヨー
オハヨー

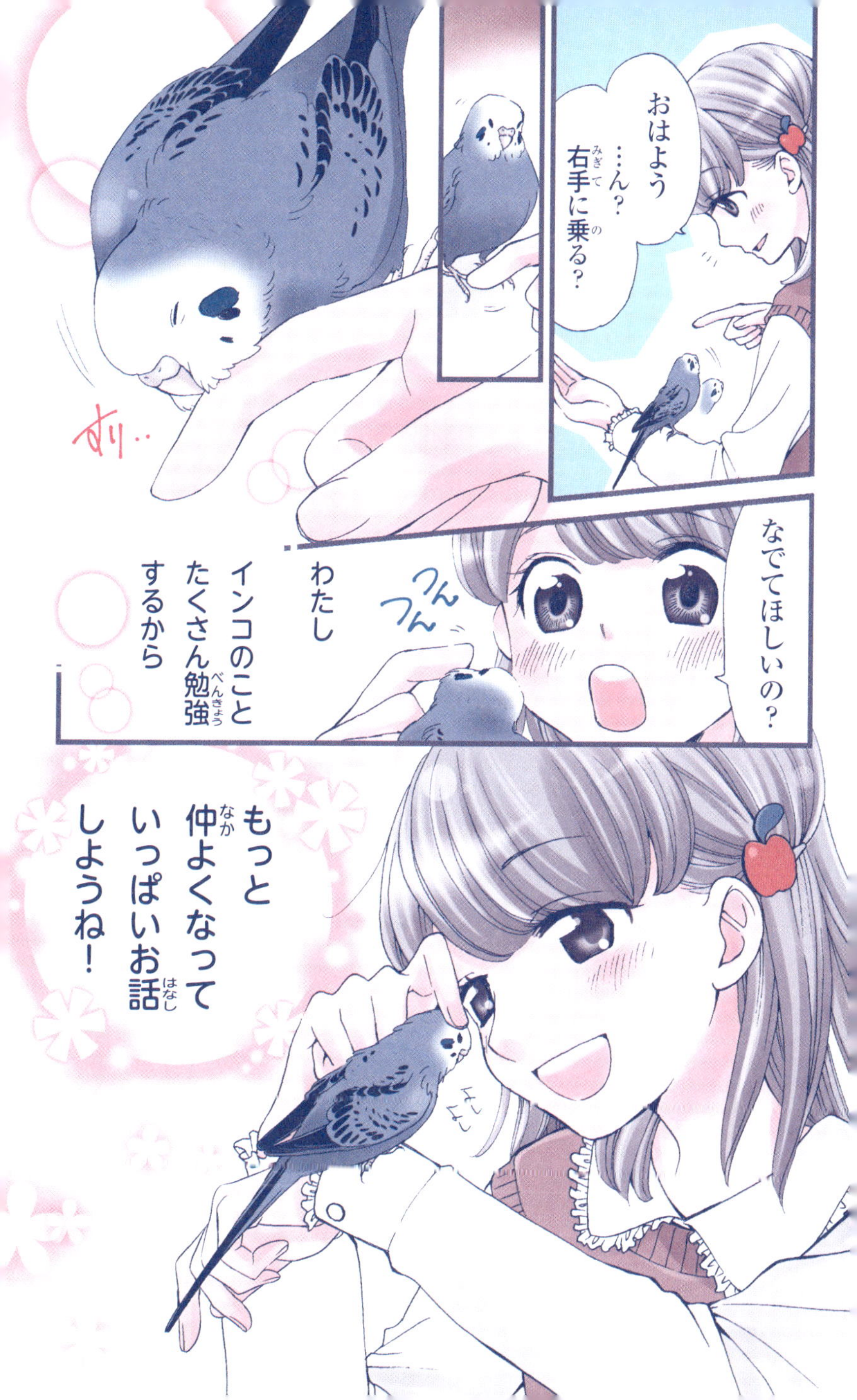
おはよう
…ん？
右手《みぎて》に乗《の》る？
すり‥
なでてほしいの？
つんつん
わたし
インコのこと
たくさん勉強《べんきょう》
するから
もっと
仲《なか》よくなって
いっぱいお話《はなし》
しようね！
よしよし

第《だい》4話《わ》

このコたちに生《い》きる場《ば》所《しょ》を

～命《いのち》のかけ橋《はし》～

1匹《ぴき》の子《こ》ネコとの出会《であ》いが、沙也加《さやか》の心《こころ》を動《うご》かしていく……。

動物保護施設《どうぶつほごしせつ》に向《む》かう車《くるま》の中《なか》で、運転《うんてん》をする美奈《みな》が言《い》った。

「沙也加《さやか》、手伝《てつだ》ってくれてありがとう」

「役《やく》に立《た》てたら、いいんだけど……」

沙也加《さやか》は昔《むかし》ネコを飼《か》っていたことから、幼《おさな》なじみの美奈《みな》に動物救護活動《どうぶつきゅうごかつどう》に誘《さそ》われた。

飼《か》い主《ぬし》に捨《す》てられたり、迷子《まいご》になったりしたどうぶつは、動物保護施設《どうぶつほごしせつ》に収容《しゅうよう》されるが、収容《しゅうよう》されるどうぶつの数《かず》があまりに多《おお》いため、施設《しせつ》の飼育《しいく》スペースも、エサ代《だい》も、働《はたら》き手《て》も足《た》りない。

そのため、期限《きげん》までに引《ひ》き取《と》る人《ひと》が現《あらわ》れなかったどうぶつは、殺処分《さつしょぶん》されてしまう。

殺処分数《さつしょぶんすう》は、※全国《ぜんこく》で1年間《ねんかん》に10万匹《まんびき》を超《こ》える。1日《にち》にすると、ざっと270匹以上《びきいじょう》。こ

※平成《へいせい》26年度《ねんど》 環境省調《かんきょうしょうしら》べ

れでも減《へ》ったほうだと、美奈《みな》は言《い》う。
「今日《きょう》もどこかで、命《いのち》がうばわれているんだ……」
沙也加《さやか》のつぶやきに、美奈《みな》が言葉《ことば》を足《た》した。
「殺処分《さつしょぶん》されるのは、犬《いぬ》よりネコのほうが多《おお》いそうよ」
「なんで？」
「ネコは1年間《ねんかん》に2、3回出産《かいしゅっさん》するでしょ。しかも一度《いちど》に5匹《ひき》ぐらい産《う》むから、飼《か》い主《ぬし》が※不妊手術《ふにんしゅじゅつ》をしないままにしていると、どんどん子《こ》ネコが増《ふ》える。それで、困《こま》った飼《か》い主《ぬし》が捨《す》ててしまうの」
「そんな……」
ひどいという言葉《ことば》を、沙也加《さやか》は飲《の》み込《こ》んだ。
ついさっきまで、たくさんのどうぶつが殺処分《さつしょぶん》されている事実《じじつ》を知《し》らなかった自分《じぶん》に、だれかを非難《ひなん》する資格《しかく》があるとは思《おも》えなかった。
美奈《みな》はため息《いき》をついた。

※妊娠《にんしん》を防《ふせ》ぐ目的《もくてき》で行《おこな》う手術《しゅじゅつ》

「これから、もっとつらい現実《げんじつ》を見《み》ることになると思《おも》う……。覚悟《かくご》しておいたほうがいいわ」
沙也加《さやか》はぎゅっと、くちびるを結《むす》んで、うなずいた。

＊＊＊

動物保護施設《どうぶつほごしせつ》に着《つ》くと、美奈《みな》は移動用《いどうよう》のケージを持《も》って建物《たてもの》に入《はい》った。沙也加《さやか》もケージを持《も》ってついていく。
「おはようございます。子《こ》ネコが収容《しゅうよう》されたという連絡《れんらく》をいただいたんですが……」
美奈《みな》のあいさつを聞《き》いて、職員《しょくいん》のひとりが立《た》ち上《あ》がった。
「おはようございます。こちらです」
職員《しょくいん》についてろうかを進《すす》むと、格子《こうし》の部屋《へや》に犬《いぬ》が5匹《ひき》いた。沙也加《さやか》たちのほうに近寄《ちかよ》り、クンクン、あまえた声《こえ》を出《だ》す。職員《しょくいん》がふ～っと、息《いき》を吐《は》いた。感情《かんじょう》を出《だ》さないようにしていても、やりきれなさがもれ出《で》る。
「この部屋《へや》のコたちは、明日処分《あすしょぶん》される予定《よてい》です。二酸化炭素《にさんかたんそ》を注入《ちゅうにゅう》されるガス室《しつ》に入《い》れられて……死《し》んでいくんです」

沙也加《さやか》は、息《いき》を飲《の》んだ。

（このコたちは今《いま》も飼《か》い主《ぬし》が迎《むか》えにきてくれると信《しん》じて、待《ま》っているのに……）

「わたしも、職員《しょくいん》のみなさんも、すべての命《いのち》を救《すく》いたいのよ。でも、できない……」

美奈《みな》の声《こえ》が、ふるえている。沙也加《さやか》はだまって、話《はなし》を聞《き》いた。

「わたしたちがしている里親探《さとおやさが》しは、引《ひ》き取《と》ってもらえそうな子犬《こいぬ》や子《こ》ネコが中心《ちゅうしん》になる。高齢《こうれい》だったり、病気《びょうき》だったら、ほとんど引《ひ》き取《と》られないから。でも、これって、命《いのち》の選別《せんべつ》よね。残《のこ》す命《いのち》を選《えら》んで、ほかの命《いのち》を見殺《みごろ》しにしているのよ。おかしいでしょ？命《いのち》の選別《せんべつ》なんて、してはいけないのに」

美奈《みな》はひとつでも多《おお》くの命《いのち》を救《すく》おうとするからこそ、救《すく》えない命《いのち》を前《まえ》に、自分《じぶん》を責《せ》めずにはいられない。美奈《みな》もどうぶつも悪《わる》くない。飼《か》い主《ぬし》が、どうぶつの一生《いっしょう》をきちんと引《ひ》き受《う》ければ、不幸《ふこう》はなくなるのだ。

沙也加《さやか》は、悲《かな》しそうな美奈《みな》の顔《かお》を見《み》るのも、しっぽをふっている犬《いぬ》たちを見《み》るのも、つらかった。

(でも、目《め》をそむけたらだめだ。何《なに》も解決《かいけつ》しない。自分《じぶん》にできることをしなければ、ひとつの命《いのち》も救《すく》えない!)

職員《しょくいん》の案内《あんない》でさらに進《すす》むと、いくつかのケージにネコがいた。子《こ》ネコから大人《おとな》のネコまで顔《かお》つきも毛《け》の色《いろ》もさまざまだ。ミイミイ鳴《な》いている子《こ》ネコに目《め》がいく。

「かわいい~」

沙也加《さやか》が思《おも》わずつぶやくと、職員《しょくいん》は少《すこ》し困《こま》ったようにほほえんだ。

「この子は、のらネコから生《う》まれたのだと思います。近所《きんじょ》の住民《じゅうみん》の通報《つうほう》で、ここに収容《しゅうよう》されました」

美奈《みな》が、子《こ》ネコを見《み》つめた。
「生後《せいご》3週間《しゅうかん》ぐらいでしょうか。ここでは世話《せわ》がむずかしいですよね」
職員《しょくいん》がうなずくと、美奈《みな》は沙也加《さやか》を見《み》た。
「沙也加《さやか》、新《あたら》しい飼《か》い主《ぬし》が決《き》まるまで、預《あず》かってもらえる？」
沙也加《さやか》は、はりきって返事《へんじ》をした。
「うん。まかせて！」

その日《ひ》から、沙也加《さやか》は子《こ》ネコの世話《せわ》を始《はじ》めた。子《こ》ネコの毛《け》は、黒《くろ》と白《しろ》のブチ。耳《みみ》がぺちゃっと寝《ね》ていて、鼻《はな》の下《した》に墨汁《ぼくじゅう》をこぼしたような模様《もよう》がある。

「新《あたら》しい飼《か》い主《ぬし》が決《き》まって本当《ほんとう》の名前《なまえ》をつけてくれるまで、きみをスミって呼《よ》ぶね」

沙也加《さやか》は箱《はこ》にタオルをしき、その下《した》にカイロを置《お》いてからスミを入《い》れ、保温用《ほおんよう》に上《うえ》からもタオルをかけた。それから、ネコ用《よう》の粉《こな》ミルクをお湯《ゆ》でとかして、ほ乳瓶《にゅうびん》に入《い》れる。

「ミルクできたよ～」

スミをひざの上《うえ》において、ほ乳瓶《にゅうびん》の乳首《ちくび》を口《くち》にあてた。なかなか吸《す》いつかないので、少《すこ》し口《くち》を開《あ》けたときに乳首《ちくび》を差《さ》し込《こ》んだが、口《くち》のはしからミルクがこぼれた。

「飲《の》み込《こ》めない？　どうして？」

つぎの日《ひ》、沙也加《さやか》が美奈《みな》に相談《そうだん》すると、

「最初《さいしょ》は、ミルクの味《あじ》やほ乳瓶《にゅうびん》の乳首《ちくび》になじめなくて飲《の》まないコもいるから」

と、針《はり》のついていない注射器《ちゅうしゃき》を使《つか》ってミルクを与《あた》える方法《ほうほう》を教《おし》えてくれた。

だが、注射器《ちゅうしゃき》であげても、スミはミルクを飲《の》まない。

「おなかにうんちがたまっているのかも」
子《こ》ネコは母《はは》ネコがおしりをなめて刺激《しげき》を与《あた》えないと、うんちやおしっこを出《だ》すことができない。沙也加《さやか》は、お風呂場《ふろば》でぬるま湯《ゆ》を出《だ》しながら指《ゆび》につけ、スミのおしりをちょんちょんつついた。けれども、出《で》てきたのはおしっこだけ。
「便秘《べんぴ》かな」
便秘《べんぴ》も下痢《げり》も、続《つづ》くと子《こ》ネコの命《いのち》に関《かか》わってくる。沙也加《さやか》は夜《よる》も昼《ひる》も3時間《じかん》おきに、スミにミルクを与《あた》えたり、おしりをつついたりしたが、うまくいかなかった。
(このまま死《し》んじゃったら、どうしよう)
沙也加《さやか》は心配《しんぱい》で、ほとんど眠《ねむ》れないまま、3日目《かめ》の朝《あさ》を迎《むか》えた。
午前中《ごぜんちゅう》、沙也加《さやか》はスミを動物病院《どうぶつびょういん》に連《つ》れて行《い》った。
「体《からだ》が弱《よわ》っていますね」
獣医師《じゅういし》の言葉《ことば》が、沙也加《さやか》の心《こころ》に重《おも》くのしかかる。
「命《いのち》に関《かか》わる状態《じょうたい》なのでしょうか？」

獣医師《じゅういし》は、沙也加《さやか》の目《め》を見《み》て言《い》った。
「栄養剤《えいようざい》を注射《ちゅうしゃ》して様子《ようす》をみましょう。このコの生《い》きる力《ちから》にかけるしかありません」
家《いえ》に帰《かえ》ったあと、沙也加《さやか》はスミをやさしくなでた。
「スミが幸《しあわ》せになるのは、これからなんだよ。お願《ねが》い、元気《げんき》になって」
生《う》まれてまもなく、母親《ははおや》と別《わか》れたスミ。そのまま放《ほう》っておかれたら、死《し》んでいただろう。生《い》きられたとしても、保護《ほご》施設《しせつ》で殺処分《さつしょぶん》になっていたかもしれない。スミのとなりにはいつも死《し》があって、安心《あんしん》して暮《く》らせたことなどないのだ。
沙也加《さやか》は、スミの生涯《しょうがい》をつらい体験《たいけん》だけにしたくなかった。
「もしも飼《か》い主《ぬし》が見《み》つからなかったら、わたしがスミのお母《かあ》さんになるから」
沙也加《さやか》がティッシュで涙《なみだ》をぬぐっていると、スミがうす目《め》を開《あ》けた。沙也加《さやか》は、すぐにミルクを用意《ようい》し、ゆっくり注射器《ちゅうしゃき》を押《お》すと、スミがこくっと飲《の》み込《こ》んだ。
「やった！　スミ、いいよ、その調子《ちょうし》」
つぎの日《ひ》から、スミはこくこくとミルクを飲《の》み、うんちも出《だ》すようになった。

「スミ、このまま元気《げんき》に大《おお》きくなるんだよ」

スミはまもなく、部屋《へや》をかけまわるようになり、つぎの週《しゅう》には自分《じぶん》でネコ用《よう》のトイレに入《はい》って、うんちやおしっこをするようになった。

離乳食《りにゅうしょく》を始《はじ》めると、沙也加《さやか》は里親探《さとおやさが》しのサイトに、スミの写真《しゃしん》をアップした。

2週間《しゅうかん》が経《た》ったころ、スミを飼《か》いたいというメールが届《とど》いた。それから面談《めんだん》や、希望《きぼう》者《しゃ》の家《いえ》でのお試《ため》し飼育《しいく》を経《へ》て、正式《せいしき》な飼《か》い主《ぬし》が決《き》まった。

スミがいなくなった部屋《へや》はがらんとして、沙也加《さやか》の心《こころ》もぽっかりと穴《あな》があいたようだった。それでも、新《あたら》しい飼《か》い主《ぬし》の家《いえ》で、のんびりと毛《け》づくろいをしているスミの姿《すがた》を思《おも》い浮《う》かべると、あたたかい気持《きも》ちになった。

（これでよかったんだ。わたしの役目《やくめ》は、命《いのち》のかけ橋《はし》になること。命《いのち》の選別《せんべつ》をしないですむようになるまで、活動《かつどう》していこう）

沙也加《さやか》は涙《なみだ》をぬぐい、顔《かお》を上《あ》げた。

第《だい》5話《わ》

～命《いのち》と向《む》き合《あ》う～

さよならアイル

長年《ながねん》連《つ》れそった愛犬《あいけん》のアイルが病気《びょうき》に。家族《かぞく》がとった決断《けつだん》とは…。

…あずさ
…あずさ
キャウーン…
アイル…
アイルッ
アイルが病気《びょうき》だってわかったのは
3か月《げつ》ほど前《まえ》

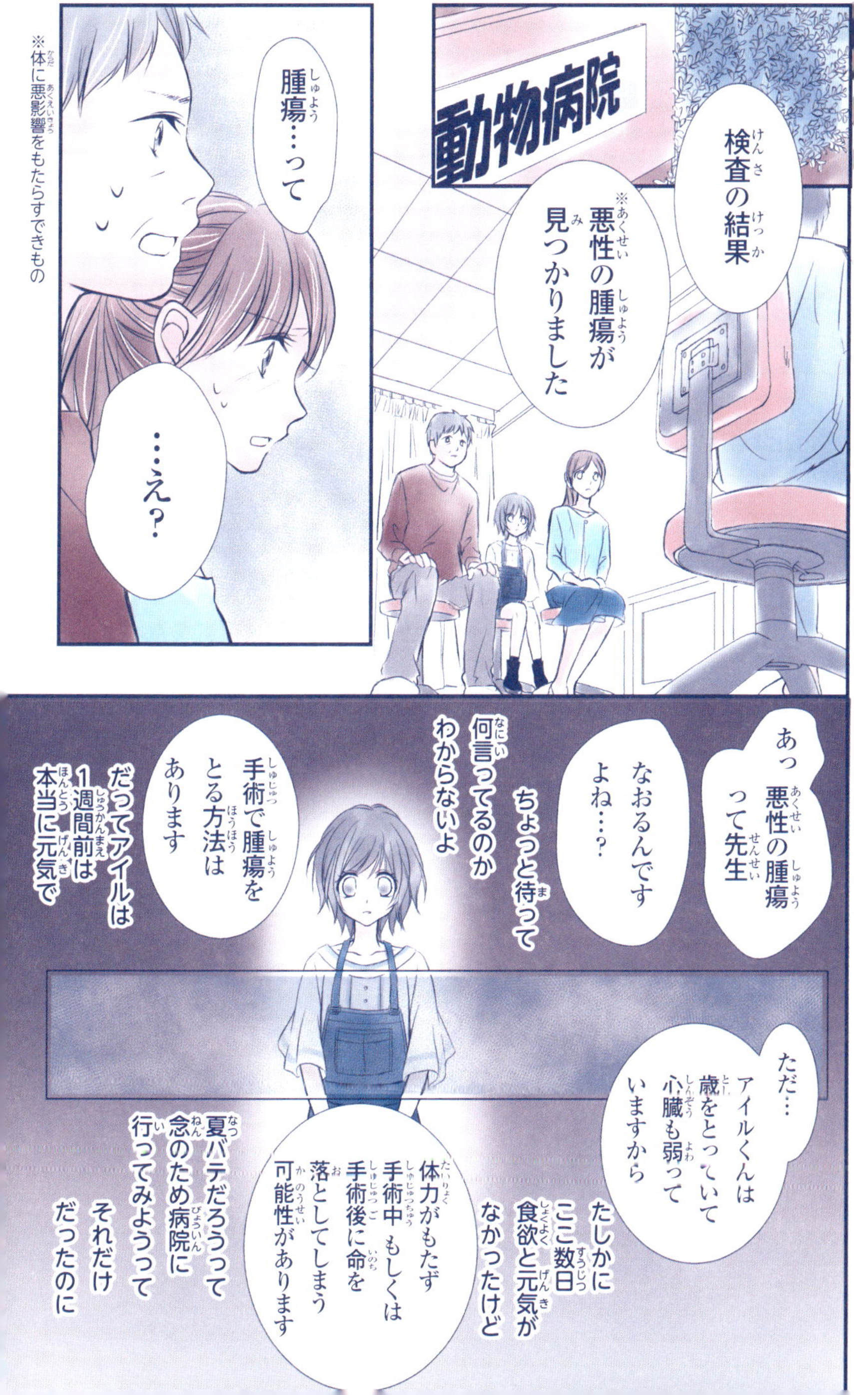
動物病院
検査《けんさ》の結果《けっか》
※悪性《あくせい》の腫瘍《しゅよう》が見《み》つかりました
腫瘍《しゅよう》…って
…え？
あっ 悪性《あくせい》の腫瘍《しゅよう》って先生《せんせい》
なおるんですよね…？
ちょっと待《ま》って 何《なに》言《い》ってるのか わからないよ
手術《しゅじゅつ》で腫瘍《しゅよう》をとる方法《ほうほう》はあります
だってアイルは 1週間前《しゅうかんまえ》は 本当《ほんとう》に元気《げんき》で
ただ… アイルくんは歳《とし》をとっていて心臓《しんぞう》も弱《よわ》っていますから
たしかに ここ数日《すうじつ》 食欲《しょくよく》と元気《げんき》がなかったけど
体力《たいりょく》がもたず手術中《しゅじゅつちゅう》もしくは手術後《しゅじゅつご》に命《いのち》を落《お》としてしまう可能性《かのうせい》があります
夏《なつ》バテだろうって 念《ねん》のため病院《びょういん》に行《い》ってみようって それだけだったのに

※体《からだ》に悪影響《あくえいきょう》をもたらすできもの

※1 薬《くすり》を使《つか》う治療《ちりょう》のこと

※2 これから先《さき》残《のこ》された命《いのち》の期間《きかん》

アイルくんの腫瘍《しゅよう》はかなり進行《しんこう》しています
ですのでキレイにとりきれない可能性《かのうせい》があります
手術《しゅじゅつ》が成功《せいこう》したとしても
命《いのち》をのばせるのはあと半年《はんとし》といったところでしょうか…
たった…半年《はんとし》……
アイルが死《し》んじゃう…？
…だ
いや…
やだ…
…や
ガタッ
いや!!
あずさっ
死《し》んじゃうなんてイヤ!!
先生《せんせい》助《たす》けて！
あずさ

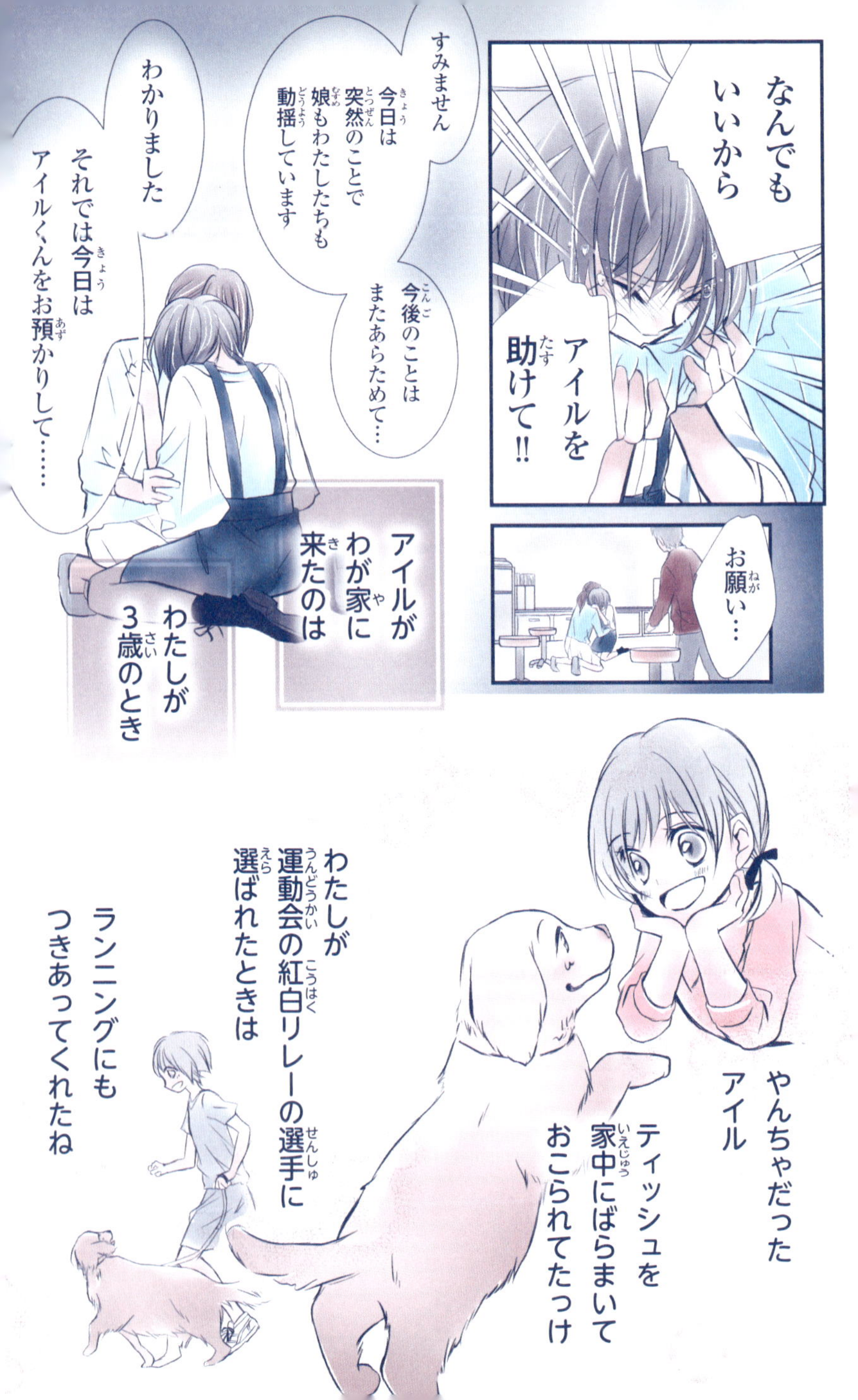
なんでもいいから
アイルを助《たす》けて!!
お願《ねが》い…
すみません今日《きょう》は突然《とつぜん》のことで娘《むすめ》もわたしたちも動揺《どうよう》しています
今後《こんご》のことはまたあらためて…
わかりました
それでは今日《きょう》はアイルくんをお預《あず》かりして……
アイルがわが家《や》に来《き》たのは
わたしが3歳《さい》のとき
やんちゃだったアイル
ティッシュを家中《いえじゅう》にばらまいておこられてたっけ
わたしが運動会《うんどうかい》の紅白《こうはく》リレーの選手《せんしゅ》に選《えら》ばれたときは
ランニングにもつきあってくれたね

13年《ねん》もの間《あいだ》
わたしのそばにはいつもアイルがいてくれた
わたしは手術《しゅじゅつ》してほしい
アイルと1日《にち》でも長《なが》く一緒《いっしょ》にいたいの
お父《とう》さんとお母《かあ》さんもそう思《おも》うでしょ…？
あずさ…

でもね
お母《かあ》さん
思《おも》うの
アイルはもう
おじいちゃん
じゃない？
手術《しゅじゅつ》にたえて
投薬治療《とうやくちりょう》に
たえて
痛《いた》い思《おも》いを
たくさんして
それでも
のばせる命《いのち》は
半年《はんとし》くらい
そんなに
苦《くる》しい思《おも》いを
させてまで
無理《むり》に
生《い》きさせて
いいのかなって…
…え？
何《なに》が
言《い》いたいの…？
手術《しゅじゅつ》はせずに
残《のこ》された時間《じかん》を
家族《かぞく》と過《す》ごす
ほうが
アイルにとって
幸《しあわ》せなんじゃ
ないかって
ぐっ
…どい

ひどいよ お母《かあ》さん!!
アイルの死《し》を ただ見《み》てろって 言《い》うの!?
手術《しゅじゅつ》すれば 長《なが》く生《い》きられる 可能性《かのうせい》が あるんだよ!?
アイルだって 生《い》きたいって 絶対思《ぜったいおも》ってる!!
お父《とう》さんだって そう思《おも》うでしょ!?
あずさ…
ガタッ
…お父《とう》さんも 同《おな》じこと言《い》うの!?
もういい!!
ダッ
あずさ!
ばたんっ
アイルの幸《しあわ》せ…?
そんなの 長《なが》く生《い》きることに 決《き》まってるじゃない
死《し》にたいわけが ないんだから
痛《いた》い思《おも》いを したって……
…っ

痛《いた》いのなんて
苦《くる》しいのなんて
イヤだよね
でも
生《い》きていて
ほしいの
いなくなったら
やだよ
アイル…
コン
コン
あずさ
少《すこ》しは落《お》ち着《つ》いたか?
つらいよな
お父《とう》さんも
お母《かあ》さんも
つらいんだよ
でもな
アイルは言葉《ことば》を
話《はな》せない
どうして
ほしいのか
アイルからは
聞《き》けない
だからこそ

アイルにとって何《なに》がいちばんいい選択《せんたく》か
家族《かぞく》みんなで
話《はな》し合《あ》わなきゃいけないんだ
出《で》ておいで
お母《かあ》さんがリビングで待《ま》ってるよ
きぃ…
ぱしっ
ガーン
思春期!?
!?
手術《しゅじゅつ》をしてもしなくても
きっと後悔《こうかい》するだろう
「命《いのち》のゆくえ」
正《ただ》しい選択《せんたく》なんてわからない
だからただ思《おも》う
アイルの命《いのち》が絶《た》えるそのとき
アイルがこれまでの人生《じんせい》を幸《しあわ》せだったと思《おも》えますように…

アイル〜〜〜！
ワンッ♪
おかえりなさーいっ！
わたしたち家族《かぞく》は話《はな》し合《あ》って
体《からだ》にあまり負担《ふたん》のかからない薬《くすり》を飲《の》ませながら
アイルを家《いえ》で見守《みまも》ることにした
アイルもうれしそうね
ああ
アイル
生《い》きてる今《いま》を大切《たいせつ》にしよう
ずっとそばにいるからね

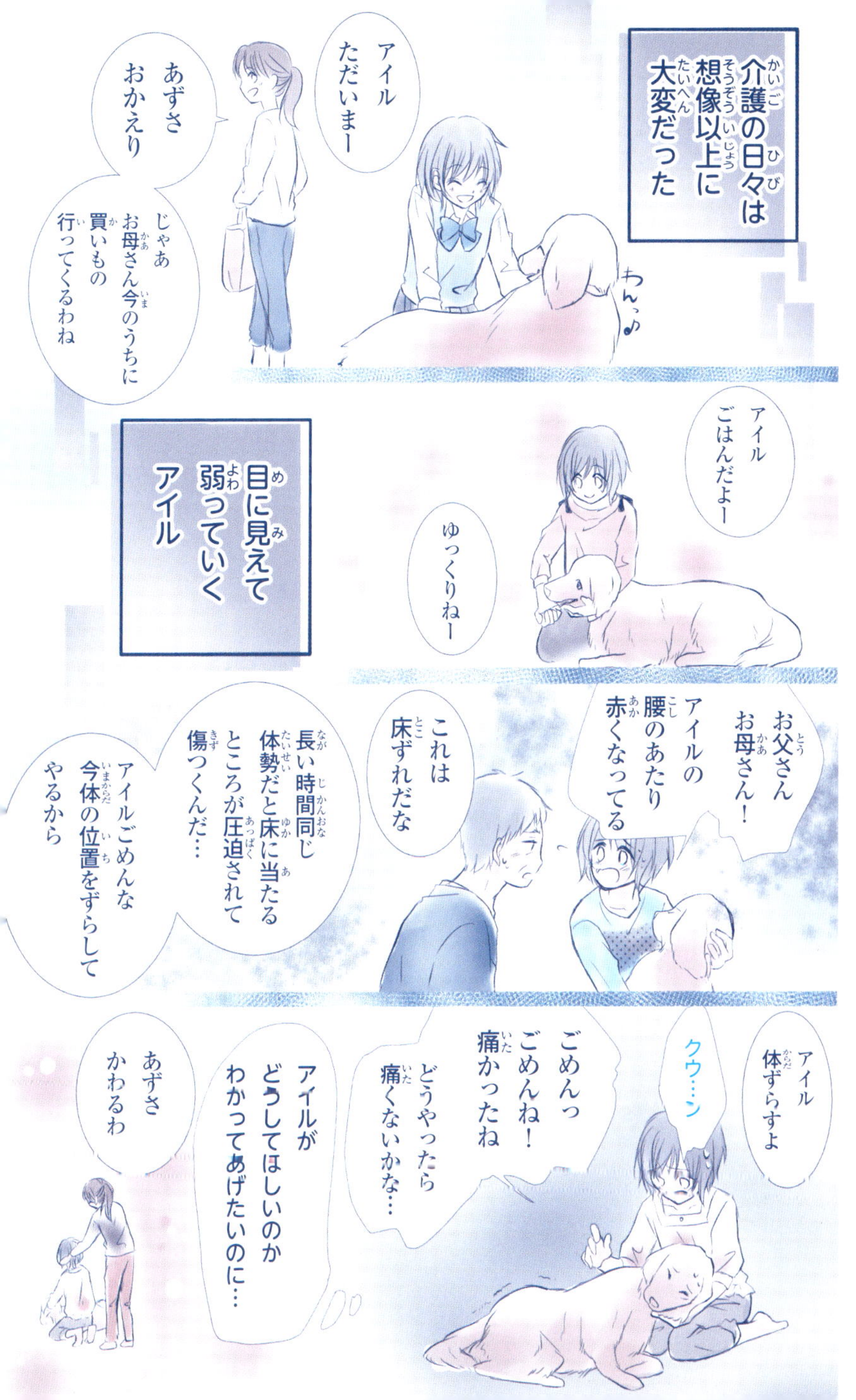

介護《かいご》の日々《ひび》は想像以上《そうぞういじょう》に大変《たいへん》だった
わんっ♪
アイル ただいまー
あずさ おかえり
じゃあ お母《かあ》さん今《いま》のうちに 買《か》いもの 行《い》ってくるわね
アイル ごはんだよー
ゆっくりねー
目《め》に見《み》えて弱《よわ》っていくアイル
お父《とう》さん お母《かあ》さん!
アイルの 腰《こし》のあたり 赤《あか》くなってる
これは 床《とこ》ずれだな
長《なが》い時間同《じかんおな》じ 体勢《たいせい》だと床《ゆか》に当《あ》たる ところが圧迫《あっぱく》されて 傷《きず》つくんだ…
アイルごめんな 今体《いまからだ》の位置《いち》をずらして やるから
アイル 体《からだ》ずらすよ
クウ…ン
ごめんっ ごめんね! 痛《いた》かったね
どうやったら 痛《いた》くないかな…
アイルが どうしてほしいのか わかってあげたいのに…
あずさ かわるわ

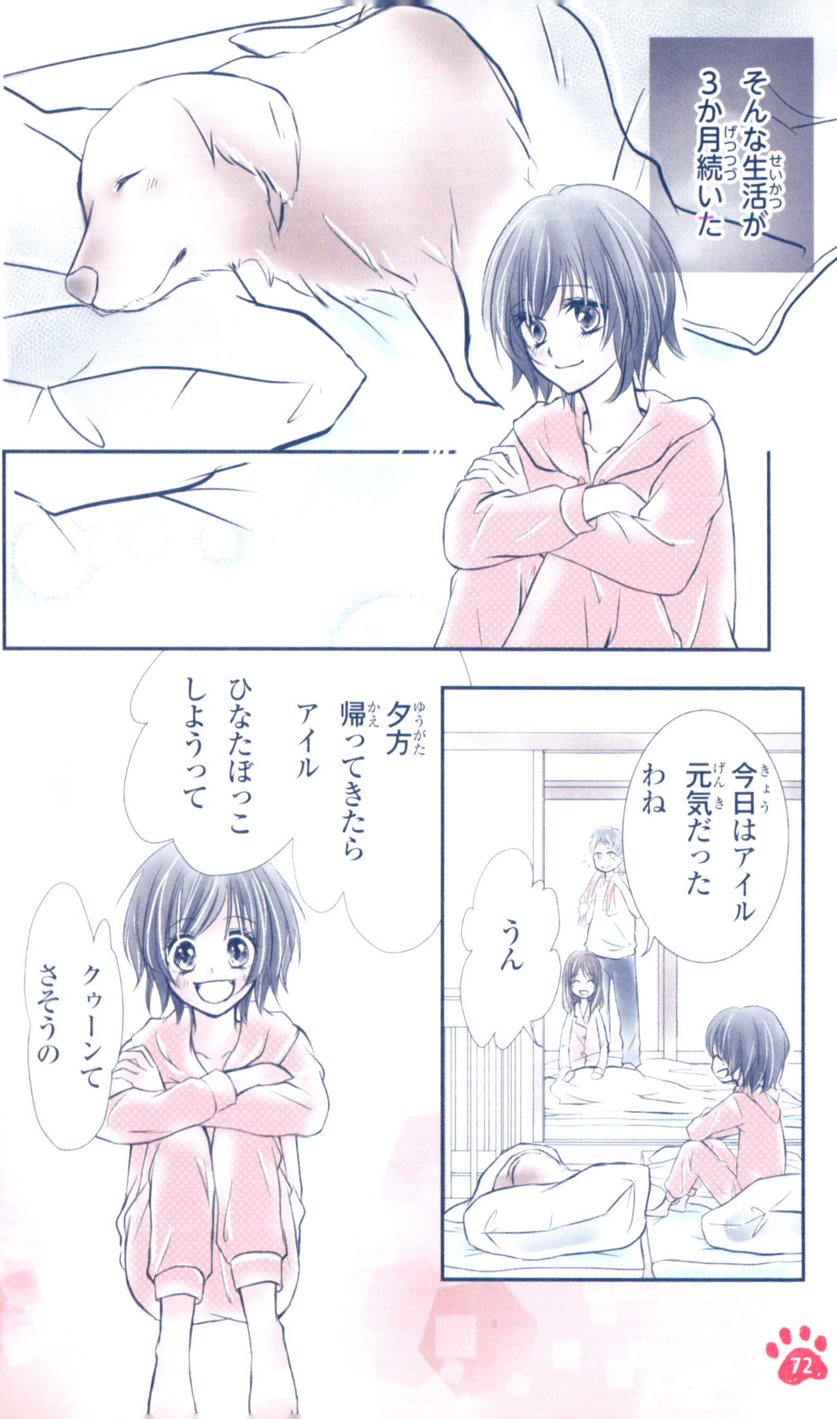
そんな生活《せいかつ》が3か月《げつ》続《つづ》いた
今日《きょう》はアイル元気《げんき》だったわね
うん
夕方《ゆうがた》帰《かえ》ってきたらアイルひなたぼっこしようって
クゥーンてさそうの

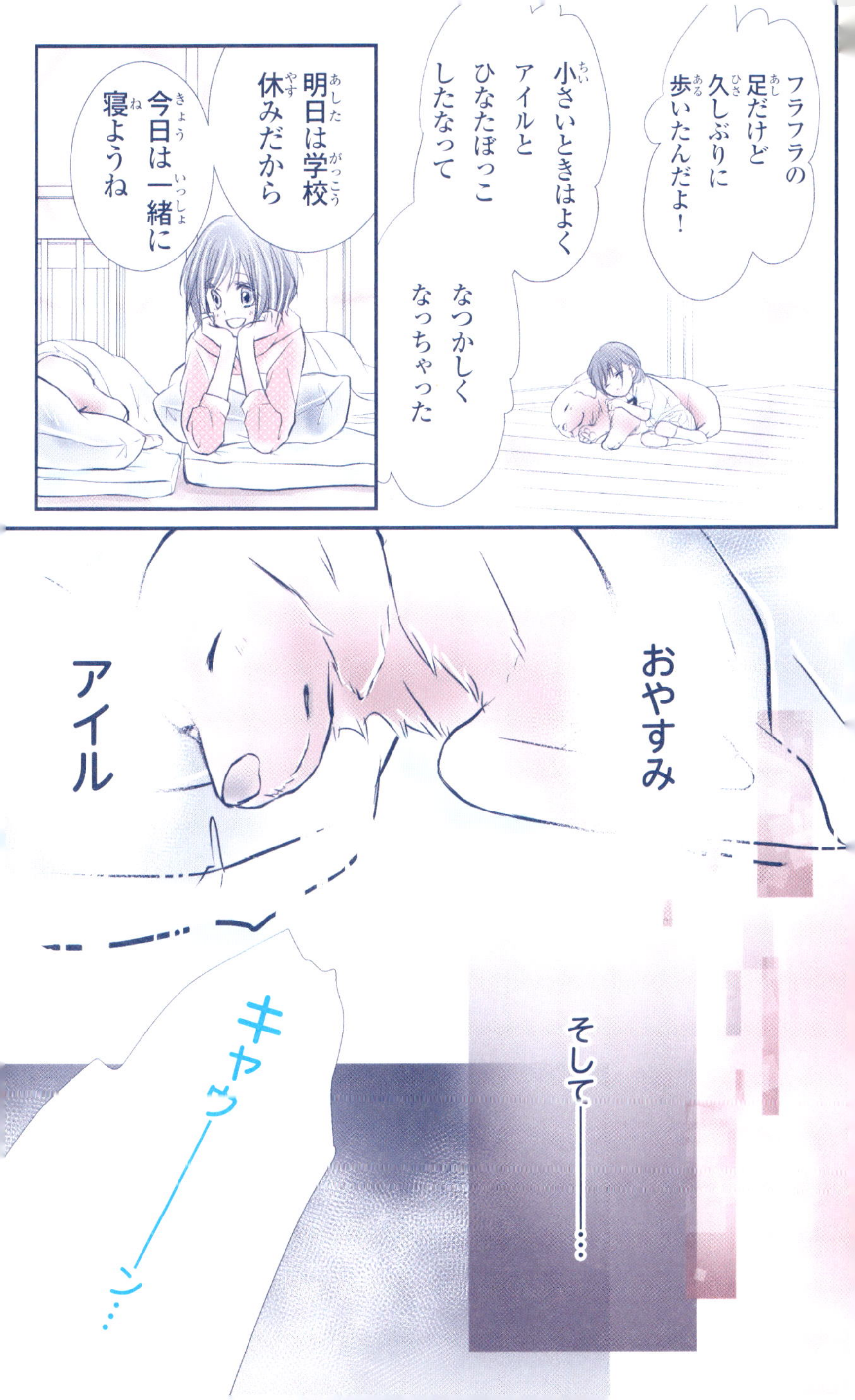
フラフラの足《あし》だけど久《ひさ》しぶりに歩《ある》いたんだよ！
小《ちい》さいときはよくアイルとひなたぼっこしたなって
なつかしくなっちゃった
明日《あした》は学校《がっこう》休《やす》みだから
今日《きょう》は一緒《いっしょ》に寝《ね》ようね
おやすみ
アイル
そして――…
キャウ――ン…

アイルッ
アイル!!
お父《とう》さん
お母《かあ》さん！
アイルが!!
あずさ…
やさしくなでて
あげましょう

ア…
アイル…？
呼吸《こきゅう》が浅《あさ》くなってる
アイル…っ
伝《つた》えなきゃ…
お別《わか》れの前《まえ》にわたしの気持《きも》ち
伝《つた》えなきゃ
だ
大好《だいす》き
だいすきっ
ずっと これからも ずっと
大好《だいす》きだから
今《いま》まで

今《いま》までいっぱい
ありがとう
アイル安《やす》らかな顔《かお》してるな
本当《ほんとう》ねただ眠《ねむ》ってるだけみたい
苦《くる》しまずに天国《てんごく》に行《い》けたのかな

そうだといいな

悲《かな》しいけれど
アイルの好《す》きな
この家《いえ》で
最後《さいご》まで
家族《かぞく》で過《す》ごせて
よかった

たくさんの
ステキな思《おも》い出《で》を
ありがとう
アイル

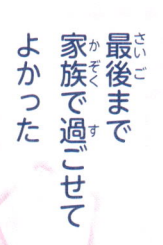

〜命《いのち》のサポート〜

第《だい》6話《わ》 わたしにできること

あこがれの動物看護師《どうぶつかんごし》として働《はたら》き始《はじ》めた祐美《ゆみ》だったが現実《げんじつ》は……。

山田《やまだ》クロちゃん どうぞー！
わたしは江藤祐美《えとうゆみ》 新米動物看護師《しんまいどうぶつかんごし》です
ミドリどうぶつ病院
子《こ》どものころから どうぶつが好《す》きな わたしがこの仕事《しごと》を 選《えら》んだのは
毎日《まいにち》 どうぶつたちと ふれ合《あ》えるし
少《すこ》しでも 大好《だいす》きな彼《かれ》らの役《やく》に 立《た》ちたかったから
おねがいします
だけど……
シャーーッ

どうぶつたちの病院《びょういん》ぎらいが手強《てごわ》くて…！
きらわれてばっかり!!
痛《いた》くてこわい思《おも》いをさせられるからイヤな場所《ばしょ》って思《おも》うんだろうな
はぁ…
きらわれるのはつらいなぁ…
そんなある日《ひ》――…
あのっ！

助《たす》けてください！玄関《げんかん》から飛《と》び出《だ》して車《くるま》にはねられちゃったの…!!
どうしようっルルが…！
大丈夫《だいじょうぶ》！落《お》ち着《つ》いてね
先生《せんせい》にすぐ診《み》てもらいましょう

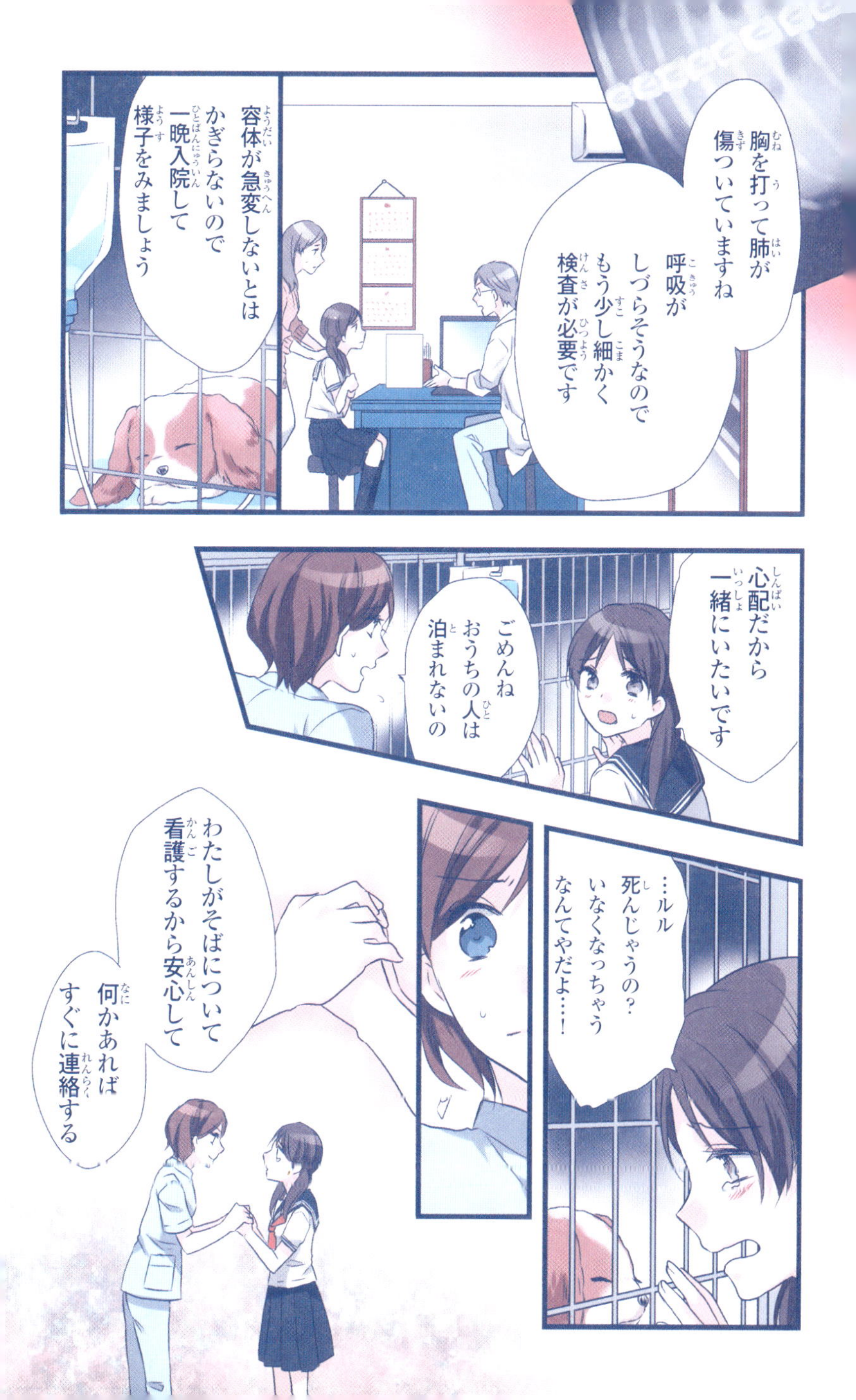
胸《むね》を打《う》って肺《はい》が傷《きず》ついていますね
呼吸《こきゅう》がしづらそうなのでもう少《すこ》し細《こま》かく検査《けんさ》が必要《ひつよう》です
容体《ようだい》が急変《きゅうへん》しないとはかぎらないので一晩入院《ひとばんにゅういん》して様子《ようす》をみましょう
心配《しんぱい》だから一緒《いっしょ》にいたいです
ごめんねおうちの人《ひと》は泊《と》まれないの
…ルル死《し》んじゃうの？いなくなっちゃうなんてやだよ…！
わたしがそばについて看護《かんご》するから安心《あんしん》して
何《なに》かあればすぐに連絡《れんらく》する

ルルをお願《ねが》いします…!
容体《ようだい》が急変《きゅうへん》しないとはかぎらない――…
いなくなっちゃうなんてやだよ…!
…大丈夫《だいじょうぶ》

絶対《ぜったい》元気《げんき》になる…！
ルルちゃんの生命力《せいめいりょく》を信《しん》じよう
ぱち…
ルルちゃん…
ワゥ…ン
！

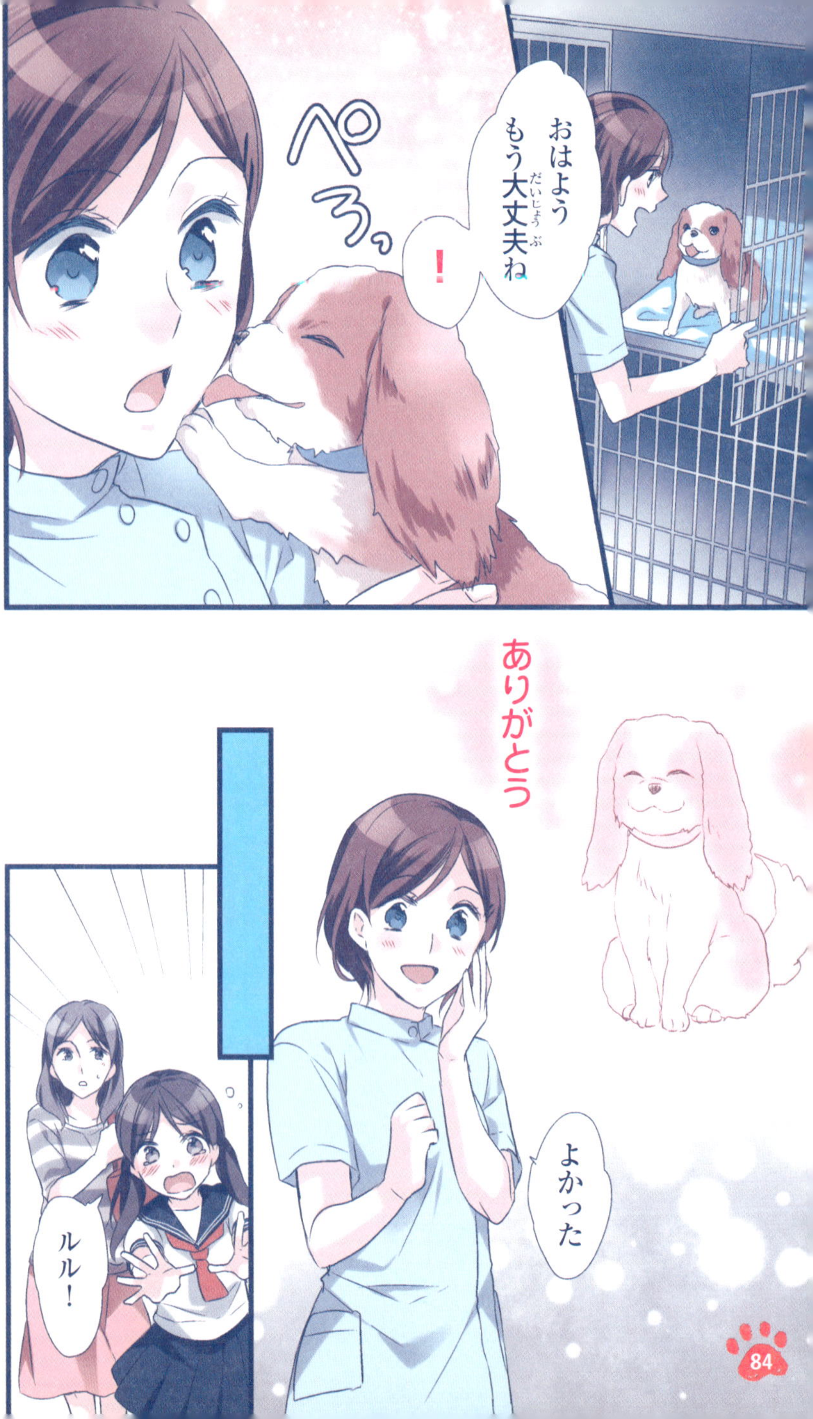
おはよう
もう大丈夫《だいじょうぶ》ね
!
ぺろっ
ありがとう
よかった
ルル!

ありがとうございます！
おだいじに！
ルルちゃんが元気《げんき》になったあとも
亜季《あき》ちゃんは診察《しんさつ》の日《ひ》だけじゃなく
散歩《さんぽ》途中《とちゅう》にも病院《びょういん》に顔《かお》を出《だ》してくれるようになりました
いいコだねー♪
ルルちゃんは病院《びょういん》を全然《ぜんぜん》こわがらないなぁ
ほかのどうぶつたちもルルちゃんみたいにリラックスしてくれたら――…

どうぶつや飼《か》い主《ぬし》さんとの心《こころ》の距離《きょり》をもっと縮《ちぢ》めて
ストレスなく治療《ちりょう》を受《う》けられるようにできたら…
はっ
…そうだ！
院長《いんちょう》お願《ねが》いがあります！
おさんぽ休けい所
カタン！
——よしっ

完成《かんせい》！
なかなか充実《じゅうじつ》してるな
はいっ
飼《か》い主《ぬし》さん用《よう》のドリンクとペット用《よう》の水《みず》を用意《ようい》して
1杯《ぱい》まで無料《むりょう》！
室内犬の飼い方・しつけ方
犬のしつけ
イヌの心理学
ペット関連《かんれん》の書籍《しょせき》なども自由《じゆう》に見《み》てもらえて…

診察《しんさつ》の合間《あいま》にわたしたちスタッフが顔《かお》を出《だ》してふれ合《あ》う…
そうして普段《ふだん》の姿《すがた》を知《し》ることができたら
診察《しんさつ》にも役立《やくだ》つし異変《いへん》の早期発見《そうきはっけん》にもつなげられると思《おも》うんです
ぼくたちにできることを精一杯《せいいっぱい》がんばろう！
はいっ

ところが…
しーん…
ガーン…
ぜ…全然《ぜんぜん》立《た》ち寄《よ》ってもらえない…
うーん
わたしはすっごくいいと思《おも》うんだけど
外《そと》からは休《きゅう》けい所《じょ》があることわかりづらいかも!
ソどうぶつ病院
そっか
※よいと思《おも》ったことはすぐに実行《じっこう》すること
※善《ぜん》は急《いそ》げね! よしっポスターを作《つく》ろう!
ワン!

どうぶつたちにわかってもらうんだ
おさんぽ休けい所あります
ポスター作成《さくせい》
チラシ配布《はいふ》
おさんぽ休けい所
病院《びょういん》はこわいところじゃないんだって
ホームページ開設《かいせつ》
Webページの作り方
休《きゅう》けい所《じょ》の衛生管理《えいせいかんり》もしっかりと！
おお！

立《た》ち寄《よ》って
くれる人《ひと》
増《ふ》えたじゃないか
はい！
こんにちは～
こんにちは！
山田《やまだ》さんちの
クロちゃん…
前《まえ》は病院《びょういん》に来《く》ると
イヤがってたのに
ニャー
おとなしく
してるでしょ？
休《きゅう》けい所《じょ》の
雰囲気《ふんいき》がいい
からですよ
えっ
そうそう！

うちのコもここのおもちゃがお気《き》に入《い》りで
看護師《かんごし》さんとも仲《なか》よしだもんね
やったな
はい…！
どうぶつたちの病院《びょういん》へのイメージがちゃんといい方向《ほうこう》に向《む》いてきてる！
そして…

シロくん ちょっと太《ふと》りましたか？ 急《きゅう》に体重《たいじゅう》が増《ふ》えるのは病気《びょうき》の可能性《かのうせい》もあるんです
えっ！ そうなの!? 食《た》べすぎなだけかと思《おも》ってたよ
今日《きょう》もがんばってるわねぇ
南《みなみ》さん ショコラちゃん！ こんにちは
ショコラちゃん 毛《け》が伸《の》びてきましたね
目《め》に入《はい》ると視界《しかい》が悪《わる》くなったり眼球《がんきゅう》を傷《きず》つけてしまうので切《き》ってあげてください
あらほんと！ 帰《かえ》ったらすぐに切《き》るわ
あれ… なんだかやけに耳《みみ》を気《き》にしてる？
あの……

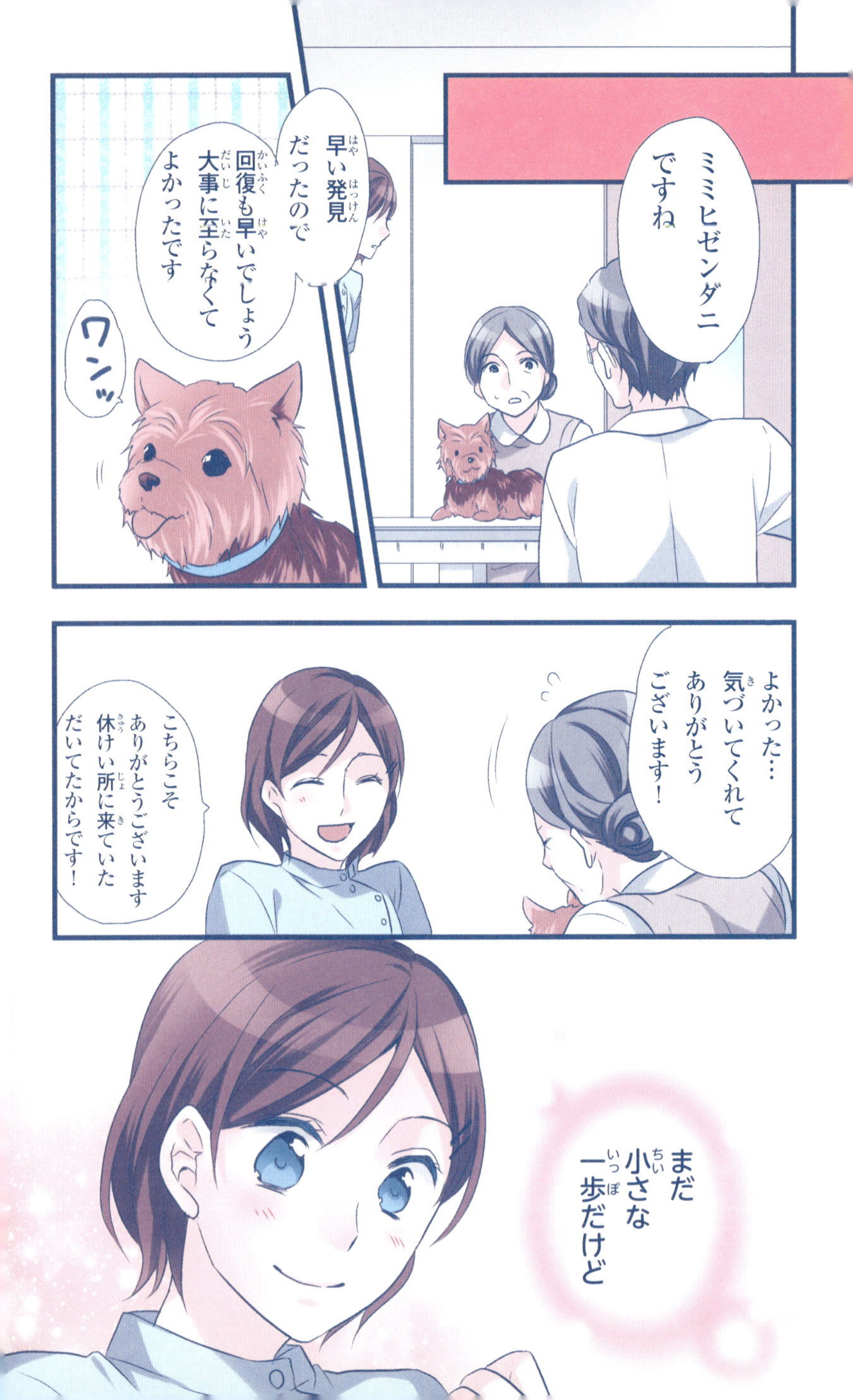
ミミヒゼンダニですね
早《はや》い発見《はっけん》だったので
回復《かいふく》も早《はや》いでしょう大事《だいじ》に至《いた》らなくてよかったです
ワンッ
よかった…気《き》づいてくれてありがとうございます！
こちらこそありがとうございます休《きゅう》けい所《じょ》に来《き》ていただいてたからです！
まだ小《ちい》さな一歩《いっぽ》だけど

飼《か》い主《ぬし》さんとどうぶつたちの
気持《きも》ちになって考《かんが》えて
行動《こうどう》すれば
必《かなら》ずよい方向《ほうこう》へと
向《む》いていくんだ
わたし
動物看護師《どうぶつかんごし》として
もっともっと
成長《せいちょう》したい
たくさんの
どうぶつの健康《けんこう》と
命《いのち》のために！
こんにちは！ 今日《きょう》はどう しましたか？

～命《いのち》のふしぎ～
第《だい》7話《わ》 そしてキミは月《つき》へ帰《かえ》った
修学旅行中《しゅうがくりょこうちゅう》の圭太《けいた》。でも病気《びょうき》のペットが心配《しんぱい》で……。
モコの様子《ようす》はどう？母《かあ》さん
うん旅行《りょこう》は楽《たの》しんでるよ
でも
もしものことがあったらって気《き》になって…
圭太《けいた》ー集合時間《しゅうごうじかん》だぞ

遅《おく》れると自由行動《じゆうこうどう》なしになるぞ
ぼくは今《いま》2泊《はく》3日《か》の修学旅行《しゅうがくりょこう》に来《き》ている
6年間一緒《ねんかんいっしょ》に過《す》ごした仲間《なかま》と最高《さいこう》の思《おも》い出《で》を作《つく》るのだ
修学旅行《しゅうがくりょこう》まで遅刻《ちこく》しねーよ
モコ…
家《うち》で飼《か》っているウサギのモコは
ここのところ具合《ぐあい》が悪《わる》い
残念《ざんねん》ですが…

寿命《じゅみょう》だと思《おも》って覚悟《かくご》しておいてください
なんでだよ…
モコが一番《いちばん》つらいときに修学旅行《しゅうがくりょこう》が重《かさ》なるなんて…
おすげえ圭太《けいた》
大吉
大吉《だいきち》
いやこれ本当《ほんとう》に大吉《だいきち》か…？
●お産《さん》 いそがぬが吉《きち》
●縁談《えんだん》 よろし 早《はや》く整《ととの》ふべし
●病気《びょうき》 安心《あんしん》せよ 治《なお》りがたし。心強《こころづよ》くもて
たまにあるよな大吉《だいきち》なのに微妙《びみょう》なやつ…
落《お》ち込《こ》むなおれなんか
凶《きょう》か!?

※おみくじの順番《じゅんばん》は諸説《しょせつ》ありますが、一般的《いっぱんてき》には「大吉《だいきち》・吉《きち》・中吉《ちゅうきち》・小吉《しょうきち》・半吉《はんきち》・末吉《すえきち》・末小吉《すえしょうきち》・平《たいら》・凶《きょう》・小凶《しょうきょう》・半凶《はんきょう》・末凶《まつきょう》・大凶《だいきょう》」。

よし 旅行中《りょこうちゅう》
おまえの名《な》は
半吉《はんきち》だー！
え〜っ
だめだよな
落《お》ち込《こ》んでちゃ
半吉《はんきち》ーっ
やめろよ
「死《し》ぬかも」なんて
縁起《えんぎ》でもないし
何《なに》より
モコも
おれの楽《たの》しい
みやげ話《ばなし》を
聞《き》きたいはずだ
ようこそ
平城山へ
木刀《ぼくとう》っ
十手《じって》……
かっこいい……
半吉《はんきち》……名前《なまえ》、気《き》に入ってるのか……？

飛躍守
ウサギの お守《まも》り…
なんて読《よ》むんだろ…？
まあいいや モコの おみやげにしよう
これください
ウサギの お守《まも》り？ 女子《じょし》みたいだな

いいだろ
別《べつ》に
とうっ
なにおうっ
もー男子《だんし》ーっ
○○ホテル
勝負《しょうぶ》しよーぜ
いちばんだれが
起《お》きていられるか
負《ま》けねーぞ
—30分後《ぷんご》…
ぐおーッ
…ってオイ…

まあ この勝負《しょうぶ》
おれの勝《か》ち…
ハッ
ぐぉー…
バカだ…
みんな寝《ね》たら
だれが寝《ね》てないか
証明《しょうめい》しようが
ねえじゃねーかっ
くっそ…
ねよう
…
眠《ねむ》れない…
1時半《じはん》か…
モコ…
どうしてるかな…

すご…
こんなキレイな月《つき》初《はじ》めて見《み》た…
満月《まんげつ》…いつもよりずっとでかい気《き》がする…
もこもこ

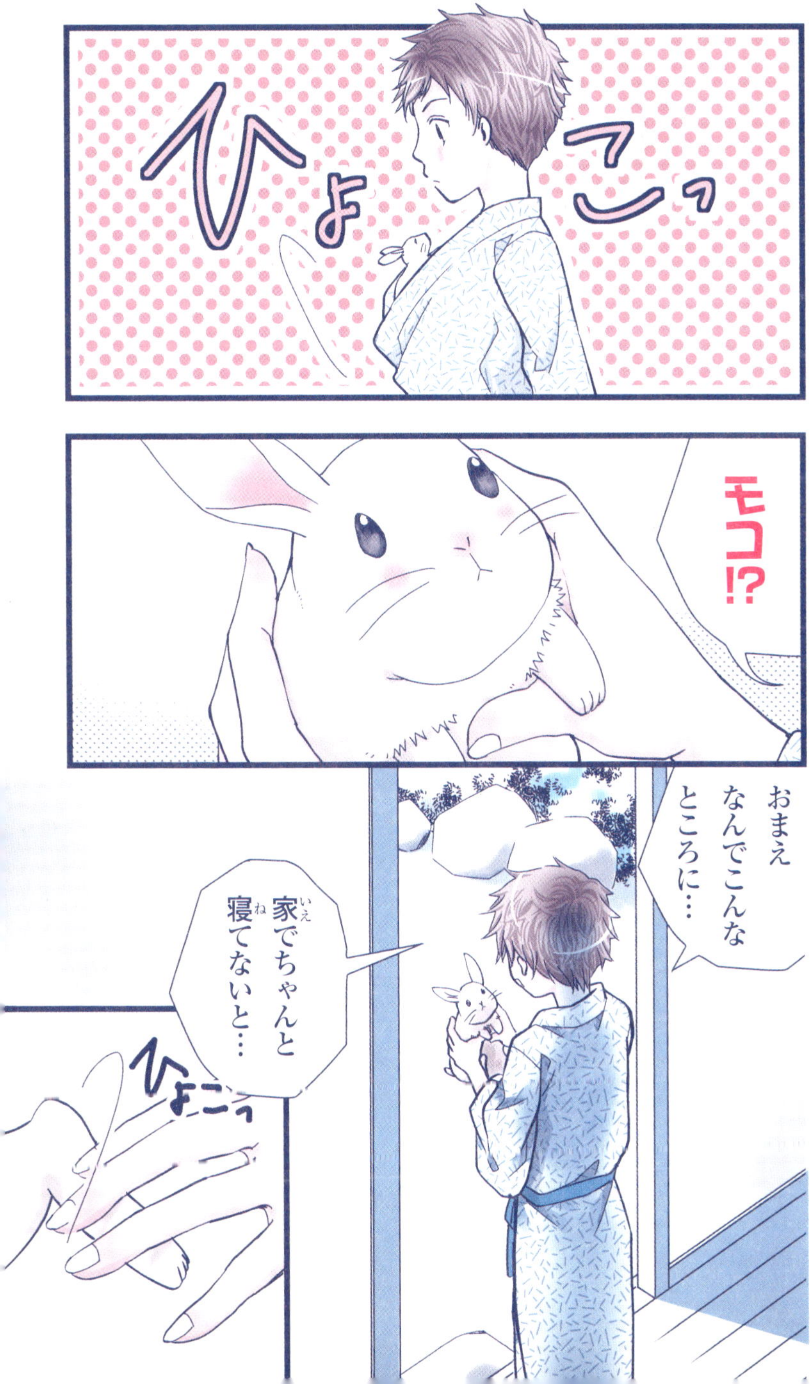

ひょこっ
モコ!?
おまえ なんでこんな ところに…
家《いえ》でちゃんと 寝《ね》てないと…
ひょこっ

あっ…
モコ！
ぴょんッ
ふわっ
すっ

ニコッ
圭太《けいた》 ありがと…
夢《ゆめ》？
…
チュン
チュン
いつの間《ま》にか寝《ね》てたのか…

モコ……!?
モコが死《し》んだ…？
ええ…夜遅《よるおそ》く
モコ
がんばったのよ
1時半《じはん》ごろ？
その時間《じかん》って
1時半《じはん》ごろ…
モコを抱《だ》いた夢《ゆめ》
ふっと軽《かる》くなった感覚《かんかく》が
とてもリアルで
今《いま》も手《て》に残《のこ》っている

おれに会《あ》いに来《き》てくれたのか…？
モコ!!
でもなんで
なんでおれがいないときに…
修学旅行《しゅうがくりょこう》の話《はなし》聞《き》かせようと思《おも》ってたのに
圭太《けいた》

圭太《けいた》がいないときを選《えら》んだんじゃないかしら
圭太《けいた》がさみしくなりすぎないように
きっと友《とも》だちといるときを選《えら》んだのよ
圭太《けいた》ー
電話《でんわ》？
集合時間《しゅうごうじかん》に遅《おく》れるぞー
ごしごし
なみだが

行《い》きなさい
圭太《けいた》
モコのためにも
楽《たの》しんできなさい
圭太《けいた》
ぼくらは
ずっと
一緒《いっしょ》だった
おまたせー
悲《かな》しまないで
ほしいんだ

圭太《けいた》の笑顔《えがお》が好《す》きだから
―大丈夫《だいじょうぶ》 心《こころ》は いつだって そばにある
がんばれ 圭太《けいた》!!
飛躍守
【飛躍守《ひやくもり》】健《すこ》やかな成長《せいちょう》を願《ねが》うお守《まも》り

第《だい》8話《わ》

飼《か》い主《ぬし》を救《すく》ったタマ

～命をかけて～

主人《しゅじん》のピンチを2度《ど》も救《すく》った、忠犬《ちゅうけん》「タマ」の物語《ものがたり》。

1935年《ねん》ごろの新潟県村松町《にいがたけんむらまつまち》（現在《げんざい》の五泉市《ごせんし》）。刈田《かりた》さんは、清流《せいりゅう》が流《なが》れる奥深《おくぶか》い山《やま》のふもとに暮《く》らしていた。春《はる》から秋《あき》は田畑《たはた》で米《こめ》や野菜《やさい》を作《つく》り、冬《ふゆ》は山《やま》で獣《けもの》や鳥《とり》を狩《か》る。雪《ゆき》で草木《くさき》がうもれ、どうぶつを見《み》つけやすくなる冬《ふゆ》は、狩《か》りにいい季節《きせつ》だ。狩《か》りをする人《ひと》はたいていい犬《いぬ》を連《つ》れて行《い》った。犬《いぬ》は鼻《はな》や耳《みみ》が利《き》くので、人《ひと》より早《はや》くどうぶつを見《み》つけることができる。刈田《かりた》さんも狩《か》りに連《つ》れていく犬《いぬ》を、子犬《こいぬ》から育《そだ》てたいと思《おも》っていた。

そんなある日《ひ》、知《し》り合《あ》いの家《いえ》に子犬《こいぬ》が生《う》まれたと聞《き》き、さっそくその家《いえ》をたずねた。

庭《にわ》で5匹《ひき》の子犬《こいぬ》たちが、じゃれあって遊《あそ》んでいる。

「おお、かわいいなあ」

なかでも、刈田《かりた》さんは体《からだ》の小《ちい》さいメスの子犬《こいぬ》がとても気《き》に入《い》り、飼《か》い主《ぬし》に言《い》った。

「この子犬《こいぬ》を、ゆずってくれないか」
「その子犬《こいぬ》は体《からだ》が小《ちい》さいから、野生《やせい》のどうぶつを相手《あいて》にする狩《か》りには向《む》かないぞ」
と言《い》われたが、刈田《かりた》さんの気持《きも》ちは揺《ゆ》るがなかった。

「このコがいいんだ」

そうして子犬《こいぬ》をゆずってもらうと、刈田《かりた》さんは「タマ」と名《な》づけてかわいがり、田畑《たはた》で作業《さぎょう》をするときも、山《やま》で山菜《さんさい》をとるときも連《つ》れていった。
タマは、刈田《かりた》さんと出《で》かけるのを喜《よろこ》んだ。そして、いつしか川《かわ》で泳《およ》ぐのも、狩《か》りで獲物《えもの》を追《お》うのもうまくなった。

翌年《よくとし》の冬《ふゆ》、刈田《かりた》さんはタマを連《つ》れて、猟師仲間《りょうしなかま》とふたりで狩《か》りに出《で》かけた。
山《やま》は深《ふか》い雪《ゆき》におおわれ、切《き》り立《た》った岩《いわ》の上《うえ》まで白《しろ》くなっている。
タマはふたりの前《まえ》を進《すす》んでいたが、雪《ゆき》をかぶったしげみの前《まえ》でぴたりと止《と》まった。
刈田《かりた》さんは声《こえ》をひそめて、仲間《なかま》に言《い》った。

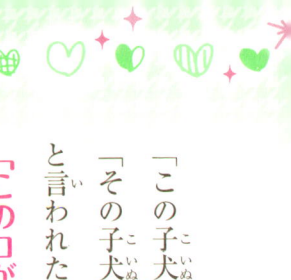

「獲物《えもの》を見《み》つけたようだな」
ふたりが銃《じゅう》をかまえると、タマはバッと、しげみに飛《と》び込《こ》んだ。
バババババッ
しげみから飛《と》び出《だ》したのは、ヤマドリだ。すかさず、銃《じゅう》をうつ。
ダーン、ダーン！
銃声《じゅうせい》が響《ひび》いたとき、
ゴゴゴゴ……
低《ひく》い音《おと》をとどろかせ、斜面《しゃめん》からいっせいに雪《ゆき》がすべり落《お》ちてきた。
「うわあああっ」
刈田《かりた》さんは逃《に》げる間《ま》もなく雪崩《なだれ》に巻《ま》き込《こ》まれ、気《き》を失《うしな》った。
どのぐらい経《た》っただろう。

ガサガサッ、ガサガサッ

頭《あたま》をゆさぶられて、刈田《かりた》さんはハッと気《き》がついた。

なんと、刈田《かりた》さんがかぶっていたスゲガサを、タマがくわえてゆすっていた。

「おお、タマがわて（わたし）を見《み》つけてくれたのか」

刈田《かりた》さんは雪《ゆき》から抜《ぬ》け出《で》ようとしたが、体《からだ》が雪《ゆき》にうまって動《うご》かない。

「タマ、わての両手《りょうて》が使《つか》えるように掘《ほ》ってくれないか」

刈田《かりた》さんの言葉《ことば》がわかったのか、タマはどんどん雪《ゆき》を掘《ほ》っていった。

だが、雪《ゆき》はやわらかいところがあれば、氷《こおり》のようにかたいところもある。しだいに、タマの前足《まえあし》から血《ち》がにじんできた。

（タマはわてを助《たす》けるために、痛《いた》みをこらえて掘《ほ》り続《つづ》けてくれているんだ……）

ようやく両腕《りょううで》が自由《じゆう》になると、刈田《かりた》さんは言《い》った。

「タマ、もう大丈夫《だいじょうぶ》だ。あとは自分《じぶん》でなんとかする」

刈田《かりた》さんは自分《じぶん》で足《あし》のまわりを掘《ほ》っていったが、なかなか足《あし》を雪《ゆき》から抜《ぬ》くことができない。雪《ゆき》の上《うえ》を歩《ある》くためにはくカンジキが雪《ゆき》にはまって、抜《ぬ》けなくなっていたのだ。

すると、タマが足《あし》もとに来《き》て、カンジキを結《ゆ》わえているひもをかみ切《き》ってくれた。

「ありがとう、タマ。助《たす》かったよ」

刈田《かりた》さんはやっとのことで雪《ゆき》の上《うえ》に出《で》ると、仲間《なかま》を探《さが》した。

「おーい。どこだー」

しかし、雪《ゆき》にうまった仲間《なかま》を見《み》つけることができない。

刈田《かりた》さんは急《いそ》いで村《むら》に帰《かえ》って助《たす》けを呼《よ》び、村人《むらびと》たちと山《やま》に戻《もど》った。

タマがにおいをかいで掘《ほ》り始《はじ》めたところを、みんなで掘《ほ》る。

「いたぞー!!」

「しっかりしろ、おいっ!」

悲《かな》しいことに、仲間《なかま》はすでに亡《な》くなっていた。

刈田《かりた》さんら村人《むらびと》にとって、狩《か》りは生活《せいかつ》に欠《か》かせない大事《だいじ》な仕事《しごと》だ。冬山《ふゆやま》のおそろしさがわかっていても、食《た》べて生《い》きていくために狩《か》りをやめるわけにはいかない。

2年後《ねんご》の冬《ふゆ》も、刈田《かりた》さんはタマを連《つ》れて、猟師仲間《りょうしなかま》3人《にん》と山《やま》に入《はい》った。

「タヌキの足跡《あしあと》があるぞ、追《お》いかけてみよう」

急斜面《きゅうしゃめん》を進《すす》んでいくと、小《ちい》さな雪《ゆき》のかたまりがころころと転《ころ》がってきた。

刈田《かりた》さんは、はっとした。

（まずい。これは雪崩《なだれ》の前兆《ぜんちょう》だ）

「みんな、急《いそ》いで頂上《ちょうじょう》の林《はやし》まで上《あ》がれ！」

しかし、みんなが動《うご》くよりも先《さき》に、足《あし》もとの雪《ゆき》がぐぐっと動《うご》いた。あっと思《おも》ったときはすでにおそく、ゴゴーッと音《おと》をたてて雪《ゆき》がくずれた。

雪《ゆき》けむりがあがり、刈田《かりた》さんたちはタマと一緒《いっしょ》に、雪《ゆき》に押《お》し流《なが》された。ごろごろ転《ころ》がり、ようやく止《と》まったときは、雪《ゆき》の中《なか》に閉《と》じ込《こ》められていた。

こそりとも音《おと》がしないなか、体《からだ》がどんどん冷《ひ》えていく。

（今度《こんど》こそ、死《し》ぬんだ……）

刈田《かりた》さんの意識《いしき》が遠《とお》のいたそのとき、

「ワンワン、ワンワン！」

タマの声《こえ》が、聞《き》こえてきた。

「おーい、タマ。ここだ！　ここにいるぞー!!」

刈田《かりた》さんの声《こえ》を聞《き》いて、タマはもうぜんと雪《ゆき》を掘《ほ》り始《はじ》めた。2年前《ねんまえ》と同《おな》じように足《あし》から血《ち》が流《なが》れ出《で》る。それでも懸命《けんめい》に掘《ほ》り続《つづ》け、刈田《かりた》さんを助《たす》け出《だ》した。

刈田《かりた》さんは2度《ど》も、タマに命《いのち》を救《すく》ってもらったのだ。

猟師仲間《りょうしなかま》3人《にん》も、タマの鳴《な》き声《ごえ》で意識《いしき》を取《と》り戻《もど》し、タマに掘《ほ》り出《だ》してもらって助《たす》かることができた。

タマの活躍《かつやく》は新聞《しんぶん》やラジオで報道《ほうどう》され、日本《にほん》だけでなく、世界中《せかいじゅう》に広《ひろ》まった。自《みずか》らの命《いのち》をかえりみず、飼《か》い主《ぬし》を助《たす》けたタマの姿《すがた》は、大《おお》きな感動《かんどう》をよんだ。

新潟県《にいがたけん》にはタマの銅像《どうぞう》が数《すう》か所《しょ》にあり、今《いま》もその勇姿《ゆうし》を伝《つた》えている。

人間《にんげん》の力《ちから》になってくれる!!

働《はたら》く犬《いぬ》たち

生《う》まれ持《も》った高《たか》い能力《のうりょく》で、わたしたちを支《ささ》え助《たす》けてくれる犬《いぬ》たちを紹介《しょうかい》するよ!

体《からだ》に障害《しょうがい》がある人《ひと》の生活《せいかつ》を助《たす》ける犬《いぬ》たちを**補助犬《ほじょけん》**というよ!

目《め》の不自由《ふじゆう》な人《ひと》たちをサポート

盲導犬《もうどうけん》

こんなお仕事《しごと》

目《め》に障害《しょうがい》がある人《ひと》と一緒《いっしょ》に歩《ある》き、交差点《こうさてん》や段差《だんさ》で止《と》まったり、障害物《しょうがいぶつ》を知《し》らせたりして安全《あんぜん》に歩《ある》けるようサポート。白《しろ》か黄色《きいろ》のハーネス（胴輪《どうわ》）をしています。

●適《てき》した犬《いぬ》●
順応性《じゅんのうせい》が高《たか》くて慎重《しんちょう》な犬《いぬ》。犬種《けんしゅ》ではラブラドール・レトリーバーが多《おお》い。

耳《みみ》の不自由《ふじゆう》な人たちをサポート

聴導犬《ちょうどうけん》

こんなお仕事《しごと》

耳《みみ》に障害《しょうがい》がある人《ひと》に、電話《でんわ》の音《おと》やドアチャイム、外《そと》では自転車《じてんしゃ》のベル音《おん》など生活《せいかつ》に必要《ひつよう》な音《おと》を知《し》らせます。外出時《がいしゅつじ》は「聴導犬《ちょうどうけん》」と書《か》かれたベストを着《き》ています。

●適《てき》した犬《いぬ》●
攻撃性《こうげきせい》がなく好奇心《こうきしん》が強《つよ》い犬《いぬ》。大型犬《おおがたけん》より小型犬《こがたけん》のほうが向《む》いている。

人《ひと》の心《こころ》を和《なご》ませる!

セラピードッグ

こんなお仕事《しごと》

病院《びょういん》や老人介護施設《ろうじんかいごしせつ》などを訪《おとず》れ、犬《いぬ》とのふれあいを通《とお》して人《ひと》の心《こころ》に安《やす》らぎを与《あた》えます。また命《いのち》の大切《たいせつ》さや思《おも》いやりの心《こころ》を育《そだ》てるために幼稚園《ようちえん》なども訪問《ほうもん》します。

●適《てき》した犬《いぬ》●
犬種《けんしゅ》や大《おお》きさの大小《だいしょう》は問《と》わず、人見知《ひとみし》りをしないおだやかな犬《いぬ》。

体《からだ》の不自由《ふじゆう》な人《ひと》たちをサポート

介助犬《かいじょけん》

こんなお仕事《しごと》

体《からだ》に障害《しょうがい》がある人《ひと》の手足《てあし》となり、落《お》とし物《もの》を拾《ひろ》ったり、自動《じどう》ドアのスイッチを押《お》すなど日常生活《にちじょうせいかつ》をサポート。外出時《がいしゅつじ》は「介助犬《かいじょけん》」と書《か》かれたベストを着《き》ています。

●適《てき》した犬《いぬ》●
集中力《しゅうちゅうりょく》があり落《お》ち着《つ》きのある犬《いぬ》。犬種《けんしゅ》ではラブラドール・レトリーバーなど。

ぼくたちのきゅう覚《かく》はこんなにすごいワン！

犬《いぬ》のにおいをかぎとる能力《のうりょく》は、人間《にんげん》の100万《まん》〜1億倍《おくばい》!!

きゅう覚《かく》を使《つか》って人《ひと》の仕事《しごと》をお手伝《てつだ》いする犬《いぬ》もいるよ！

犯人《はんにん》を追跡《ついせき》！

警察犬《けいさつけん》

こんなお仕事《しごと》

現場《げんば》に残《のこ》るわずかなにおいを手《て》がかりに、犯人《はんにん》や行方不明者《ゆくえふめいしゃ》を追跡《ついせき》します。また、犯人《はんにん》を見《み》つけたらほえて取《と》り押《お》さえるなど、事件解決《じけんかいけつ》のために働《はたら》きます。

●適《てき》した犬《いぬ》●
物覚《ものおぼ》えがよく、かしこい犬《いぬ》。犬種《けんしゅ》ではジャーマン・シェパードが多《おお》く活躍《かつやく》。

麻薬《まやく》を発見《はっけん》！

麻薬探知犬《まやくたんちけん》

こんなお仕事《しごと》

たくさんの荷物《にもつ》の中《なか》から、麻薬《まやく》のわずかなにおいをかぎ分《わ》けて見《み》つけ出《だ》します。仕事《しごと》をする場所《ばしょ》はおもに、海外旅行客《かいがいりょこうきゃく》や外国《がいこく》からの荷物《にもつ》が集《あつ》まる空港《くうこう》や港《みなと》など。

●適《てき》した犬《いぬ》●
集中力《しゅうちゅうりょく》がある犬《いぬ》。犬種《けんしゅ》ではジャーマン・シェパード、ラブラドール・レトリーバーなどが活躍《かつやく》。

行方不明者《ゆくえふめいしゃ》をそうさく

災害救助犬《さいがいきゅうじょけん》

こんなお仕事《しごと》

地震《じしん》や雪崩《なだれ》などの災害時《さいがいじ》にがれきの中《なか》や雪山《ゆきやま》で閉《と》じ込《こ》められてしまった人《ひと》を、優《すぐ》れたきゅう覚《かく》によって見《み》つけ出《だ》し、命《いのち》を救《すく》うために働《はたら》きます。

災害救助犬《さいがいきゅうじょけん》の種類《しゅるい》

地震救助犬《じしんきゅうじょけん》
地震《じしん》などにより建物《たてもの》がくずれた現場《げんば》で行方不明者《ゆくえふめいしゃ》をそうさく・救助《きゅうじょ》する。

山岳救助犬《さんがくきゅうじょけん》
山《やま》で遭難《そうなん》した人《ひと》や行方不明者《ゆくえふめいしゃ》をそうさく・救助《きゅうじょ》する。

水難救助犬《すいなんきゅうじょけん》
海《うみ》や川《かわ》などでおぼれたり、遭難《そうなん》した人《ひと》をそうさく・救助《きゅうじょ》する。

●適《てき》した犬《いぬ》●
恐怖心《きょうふしん》のない犬《いぬ》。犬種《けんしゅ》ではジャーマン・シェパードなど。せまいところにもぐれる小型犬《こがたけん》も活躍《かつやく》。

ほかにもいろいろな分野《ぶんや》で活躍《かつやく》しているよ！

牧畜犬《ぼくちくけん》（牧羊犬《ぼくようけん》）
放牧場《ほうぼくじょう》にいる羊《ひつじ》などの群《む》れを、手際《てぎわ》よく移動《いどう》させる。

猟犬《りょうけん》
獲物《えもの》の場所《ばしょ》を猟師《りょうし》に教《おし》えたり、狩《か》りの手《て》伝《つだ》いをしたりする。

そり犬《いぬ》
寒《さむ》い地域《ちいき》で、人《ひと》や荷《に》物《もつ》などをそりに乗《の》せて運《はこ》ぶ。

モデル犬《けん》
テレビや映画《えいが》、雑誌《ざっし》やイベントなどに出《で》て活躍《かつやく》する。

第《だい》9話《わ》

~支《ささ》え合《あ》う命《いのち》~

心《こころ》のバリア

犬《いぬ》のチョコと子《こ》ネコのミルク。寄《よ》りそうように2匹《ひき》はいつも一緒《いっしょ》だった。

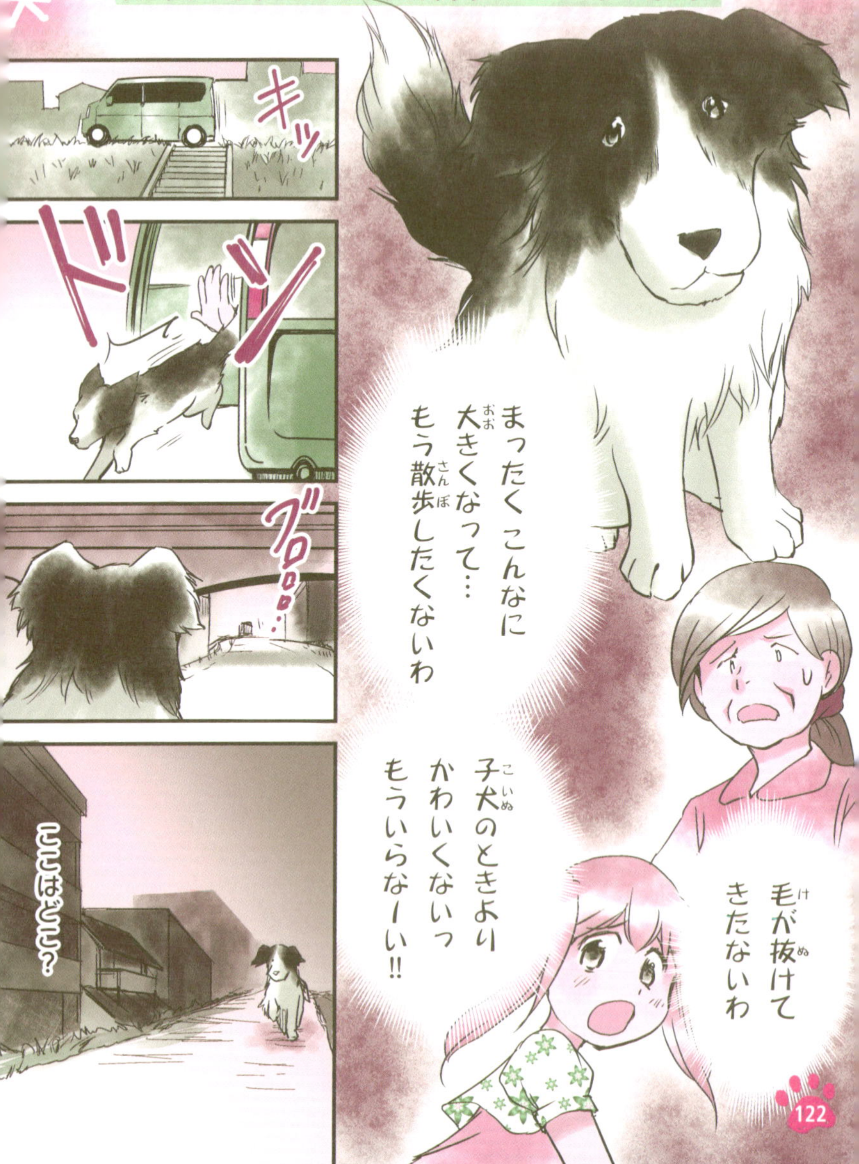
まったくこんなに
大《おお》きくなって…
もう散歩《さんぽ》したくないわ
毛《け》が抜《ぬ》けて
きたないわ
子犬《こいぬ》のときより
かわいくないいっ
もういらなーい!!
キッ
ドン
ブロロロ…
ここはどこ?

やだ！のら犬《いぬ》！
うわっ きたない！あっちいけ！
寒《さむ》いよ…
ゴロゴロ…
ポツ
ポツ
ザアアア…
おなか すいたな…
ガサ…
ミイイ…

ミ…
ミ…
ふみ…
ふみ…
ペロ…
ザアァァ…

アニマル
サポートセンター
犬《いぬ》とネコがはなれない？
おととい保護《ほご》した2匹《ひき》？
はい
ボランティア
高木麻美《たかぎあさみ》
家庭《かてい》で飼《か》われていた犬《いぬ》らしくておとなしいんですが…
子《こ》ネコにさわると
ウ〜ッ
…って
子《こ》ネコも子《こ》どもみたいになついていてはなれないんです
——そうきっと不安《ふあん》な夜《よる》を一緒《いっしょ》に過《す》ごして
ふたりだけのキズナが生《う》まれたのね
2匹一緒《ひきいっしょ》に里親募集《さとおやぼしゅう》しましょ
でも…

2匹一緒《ひきいっしょ》に飼《か》える人《ひと》がいなかったら
このコたちを引《ひ》きはなさないといけなくなるわね…
ぽかぽかぽかぽか!
ねーちゃんのバーカ!!
洸平《こうへい》なんて大《だい》キライ!!
洸平《こうへい》!莉子《りこ》もやめなさい
どうして毎日《まいにち》ケンカするの!
ぷー
むー

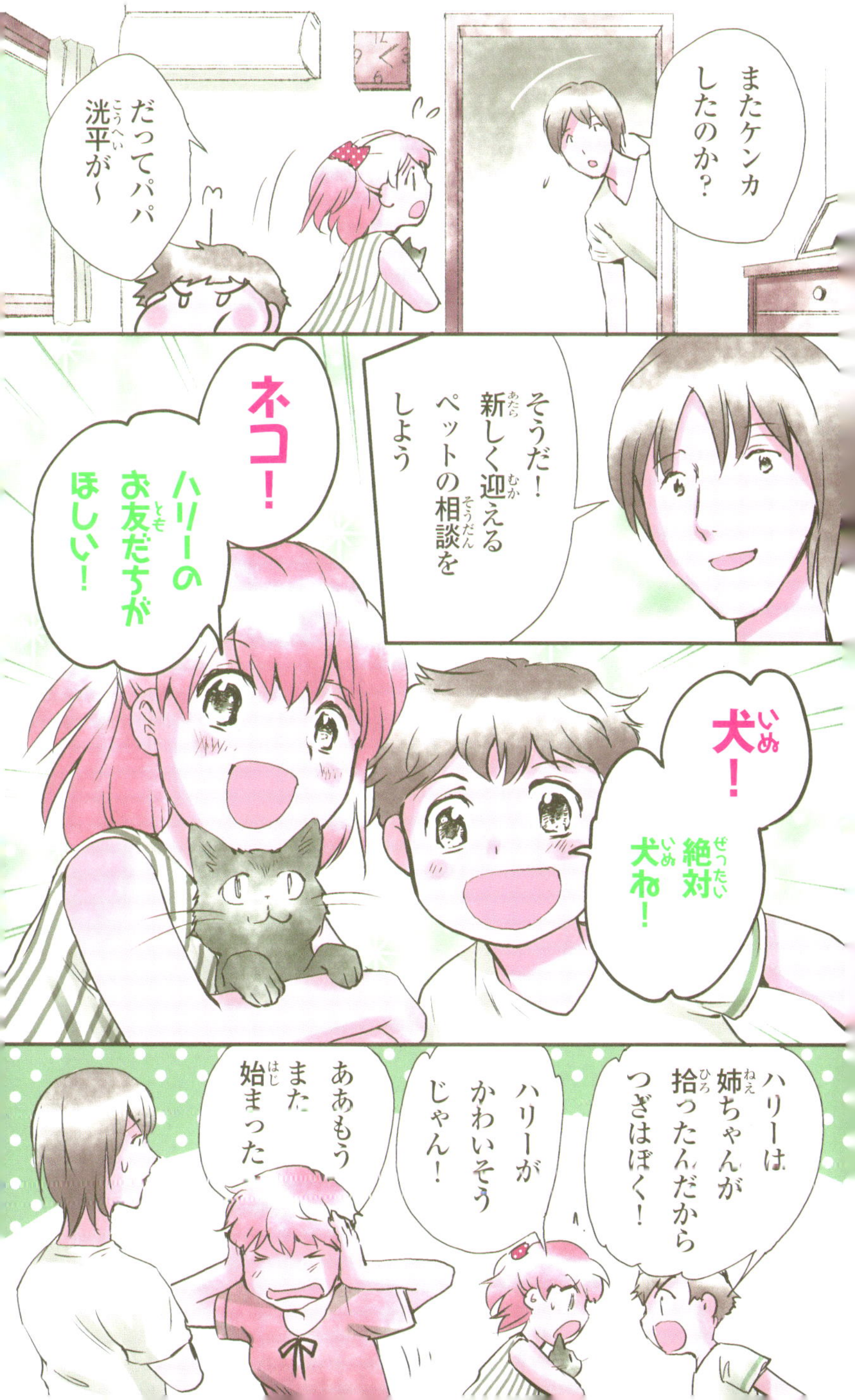
またケンカしたのか?
だってパパ洸平《こうへい》が~
そうだ! 新《あたら》しく迎《むか》えるペットの相談《そうだん》をしよう
ネコ! ハリーのお友《とも》だちがほしい!
犬《いぬ》! 絶対《ぜったい》犬《いぬ》ね!
ハリーは姉《ねえ》ちゃんが拾《ひろ》ったんだからつぎはぼく!
ハリーがかわいそうじゃん!
ああもうまた始《はじ》まった

ケンカするならもう何《なに》も飼《か》いません！
ごめんなさい…
わかればよろしい
ふたりともこの里《さと》親《おや》募《ぼ》集《しゅう》のブログ見《み》てごらん
わ！かわいい…！
犬《いぬ》が子《こ》ネコのお世《せ》話《わ》してる！
すごいね親《おや》子《こ》みたい！

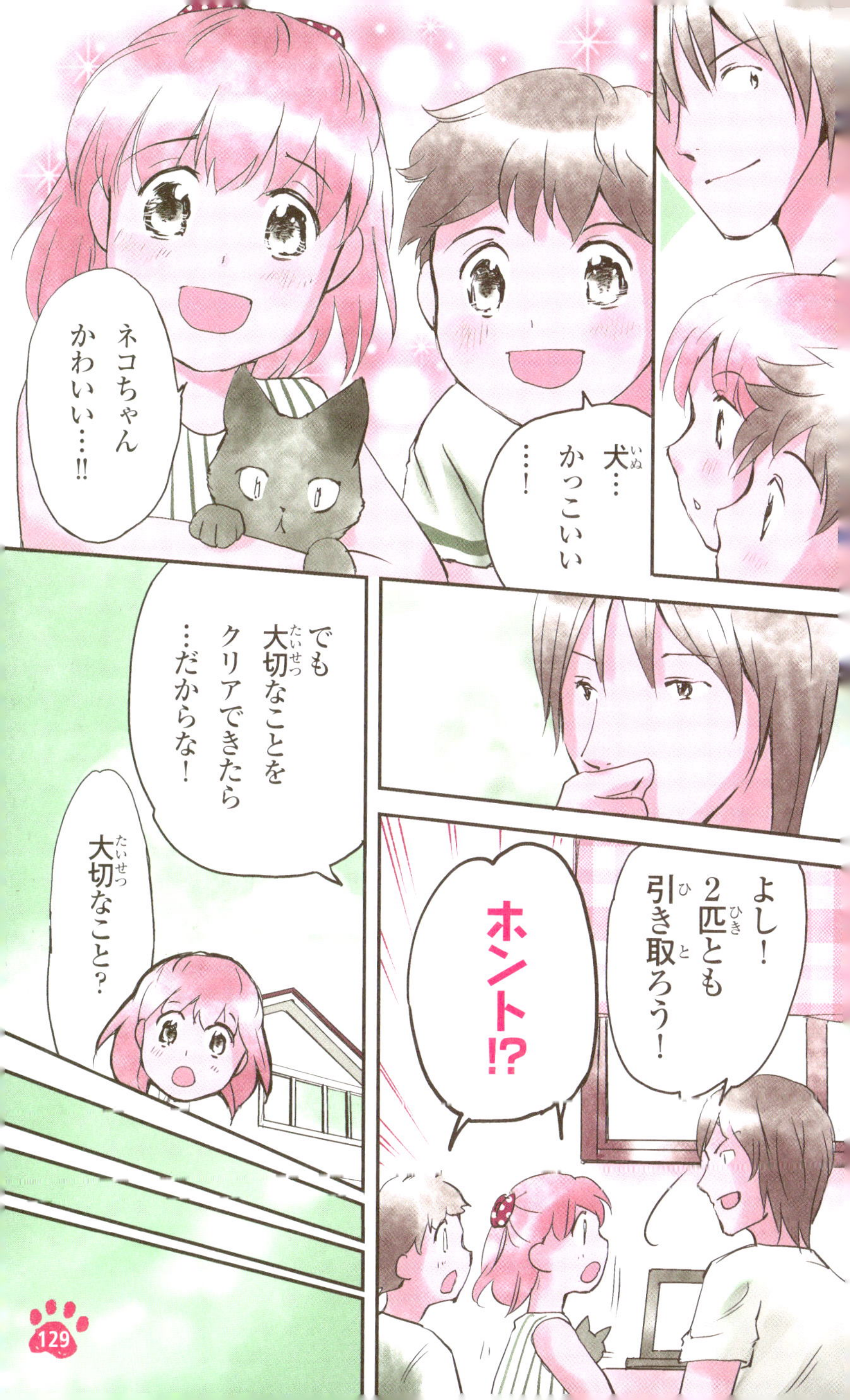
犬《いぬ》…かっこいい…!
ネコちゃんかわいい…!!
でも大切《たいせつ》なことをクリアできたら…だからな!
大切《たいせつ》なこと?
よし!2匹《ひき》とも引《ひ》き取《と》ろう!
ホント!?

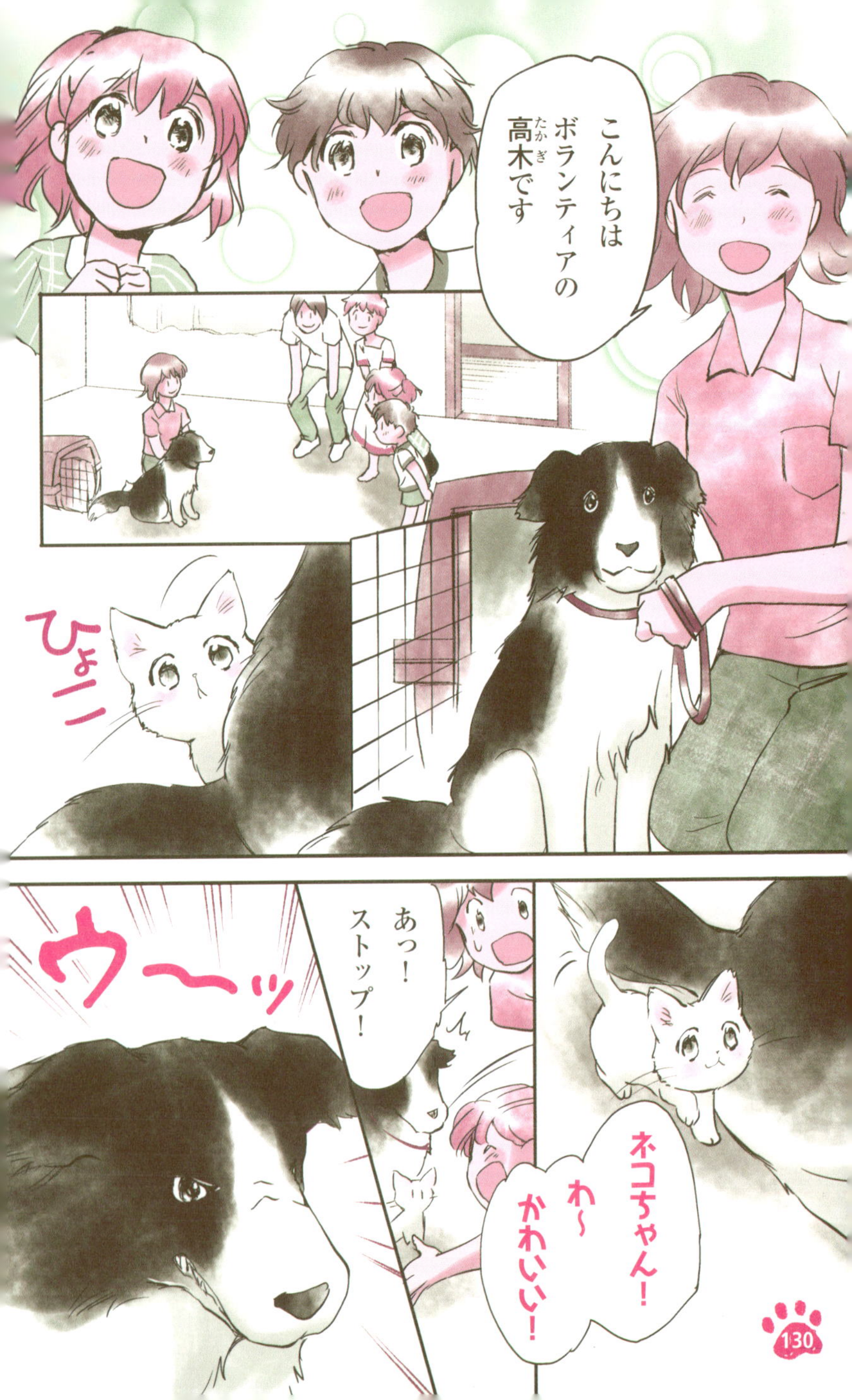
こんにちは
ボランティアの
高木《たかぎ》です
ひょこ
ネコちゃん！
わ～
かわいい！
あっ！
ストップ！
ウ～ッ

何《なに》してんだよ姉《ねえ》ちゃん!
ごめんね! やさしい犬《いぬ》なんだけど
子《こ》ネコを子《こ》どもみたいに大切《たいせつ》にしていてこうなっちゃうの
ご… ごめんなさい
里親希望《さとおやきぼう》のご家族《かぞく》にはまずは1週間《しゅうかん》このコたちと暮《く》らしてみてもらって命《いのち》を託《たく》せると判断《はんだん》できれば正式《せいしき》にお迎《むか》えいただけます
飼《か》う前《まえ》の大切《たいせつ》なことってこのこと…!
2匹《ひき》がなつかなければ残念《ざんねん》ですが引《ひ》き取《と》りをお断《ことわ》りさせていただきます
2匹《ひき》を飼《か》える人《ひと》がずっと決《き》まらなかったらどうなるの?
2匹《ひき》をはなして… 別々《べつべつ》に里親探《さとおやさが》ししないといけなくなるわね

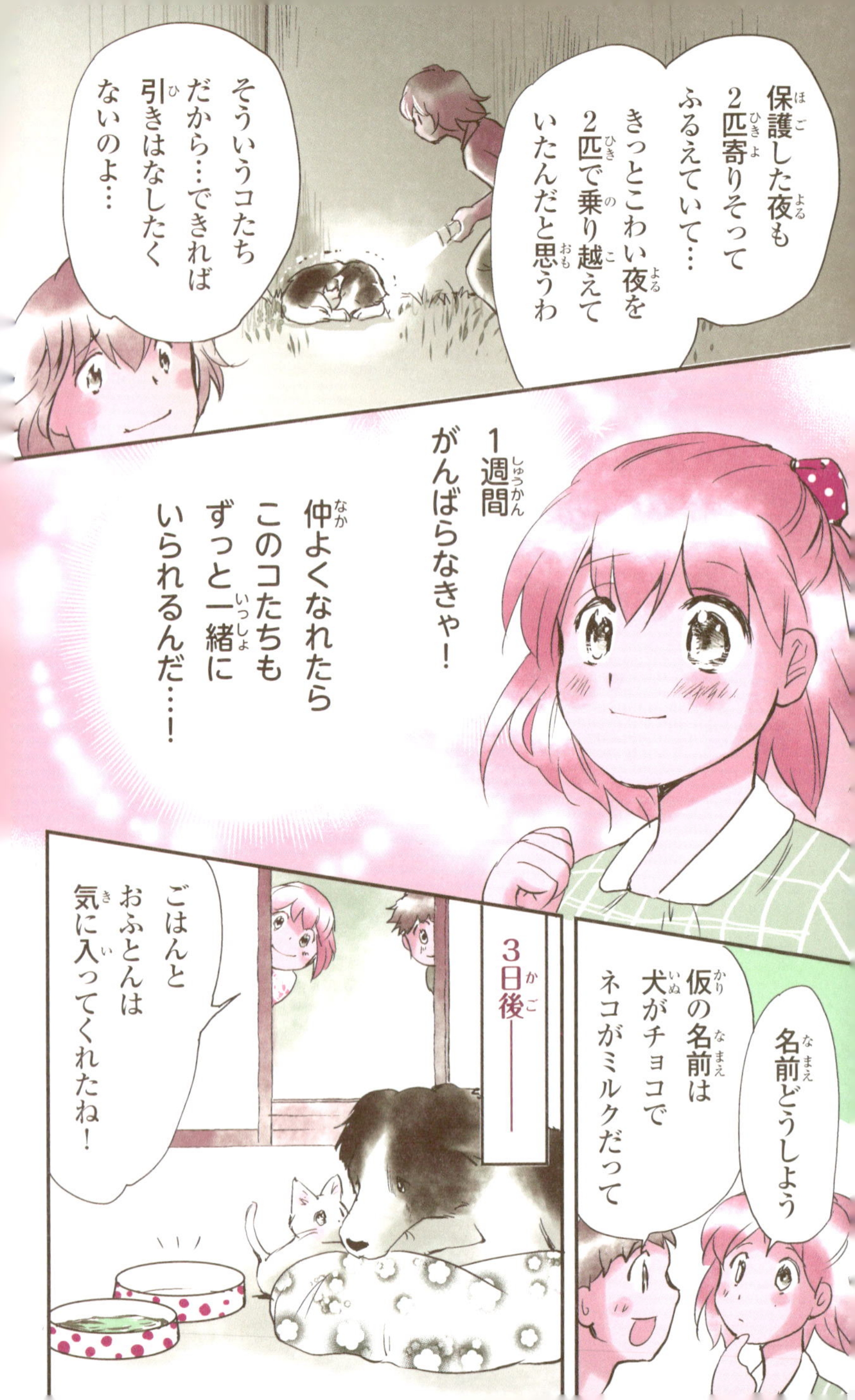
保護《ほご》した夜《よる》も2匹寄《ひきよ》りそってふるえていて…きっとこわい夜《よる》を2匹《ひき》で乗《の》り越《こ》えていたんだと思《おも》うわ
そういうコたちだから…できれば引《ひ》きはなしたくないのよ…
1週間《しゅうかん》がんばらなきゃ！
仲《なか》よくなれたらこのコたちもずっと一緒《いっしょ》にいられるんだ…！
名前《なまえ》どうしよう
仮《かり》の名前《なまえ》は犬《いぬ》がチョコでネコがミルクだって
3日後《かご》――
ごはんとおふとんは気《き》に入《い》ってくれたね！

まだチョコの散歩《さんぽ》できてないんだよな
ミルクからはなれないもんね
あそびたい……
あっ
ハリーだめっ!!
ぱっ
びくっ
ウ〜〜…
なに大声《おおごえ》出《だ》してるの!逃《に》げちゃったじゃん!
だってハリーがかまれるかと思《おも》って…
ちゃんとハリーを見《み》ておきなよ!
洸平《こうへい》だってチョコの散歩《さんぽ》行《い》けてないじゃん!
ふたりともやめなさい!

どうして
チョコとミルク
みたいに
仲《なか》よくできないの⁉
ワウ…ン
チョコ…？
キュー…ン
保護《ほご》した夜《よる》も
2匹《ひき》寄《よ》りそって
ふるえていて…
ぺたぺた…

チョコ
大丈夫《だいじょうぶ》
ミルクにはさわらないよ
すとん
夜《よる》の川原《かわら》でふたりぼっちはこわかったよね…
きっと2匹《ひき》でこわい夜《よる》に負《ま》けないように
がんばって支《ささ》え合《あ》っていたんだね…
でも…もうこわいことはないんだよ
わたし…
くしゅん!

ふあさっ……
洸平《こうへい》！
ぼくもまぜてよ
にゃーん
もうチョコとミルクはふたりぼっちじゃないよ
わたしたちも一緒《いっしょ》にいるからね……！

チョコが…
ミルクさわらせてくれたよ！
洸平《こうへい》…いろいろおこってゴメンね
いいよ…ぼく、もゴメン…
犬《いぬ》もネコも人間《にんげん》も
お互《たが》いを思《おも》い合《あ》い
支《ささ》え合《あ》っていこう
だってわたしたちは
家族《かぞく》なんだから！

～命《いのち》を預《あず》かる～

第《だい》10話《わ》 ビューティマジック！

トリマーのひとみのもとには、毎日《まいにち》いろんなお客様《きゃくさま》がやってきます！

トリマーは犬《いぬ》のお手《て》入《い》れをする犬《いぬ》の美容師《びようし》です
毛《け》をカットしたり整《ととの》えたりするのはもちろん
シャンプーや耳《みみ》そうじつめのお手《て》入《い》れや歯《は》みがきもします
ひとみ先輩《せんぱい》ー このコはオプションハーブパックでしたっけ？
マイクロバブルバスと泥《どろ》パックよー
まちがえないでねあっこちゃん
あっ
そうでしたっけ～？ てへ♡

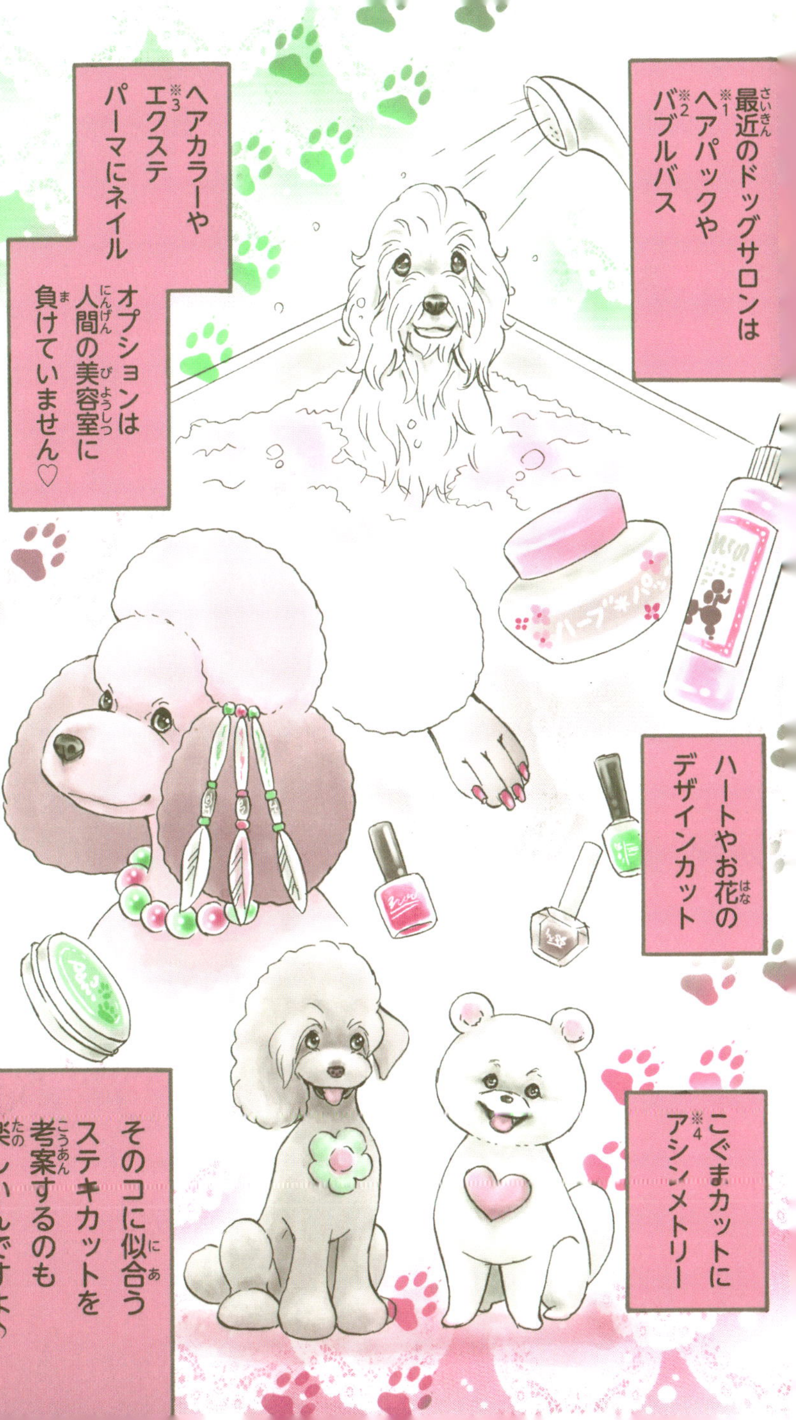
最近《さいきん》のドッグサロンは
※1ヘアパックや
※2バブルバス
ヘアカラーや
※3エクステ
パーマにネイル
オプションは
人間《にんげん》の美容室《びようしつ》に
負《ま》けていません♡
ハートやお花《はな》の
デザインカット
こぐまカットに
※4アシンメトリー
そのコに似合《にあ》う
ステキカットを
考案《こうあん》するのも
楽《たの》しいんですよ♪

※1 傷《いた》んだ毛《け》に栄養《えいよう》などを補給《ほきゅう》するもの　※2 泡《あわ》のお風呂《ふろ》　※3 つけ毛《げ》　※4 左右《さゆう》で長《なが》さやスタイルを変《か》えた髪型《かみがた》

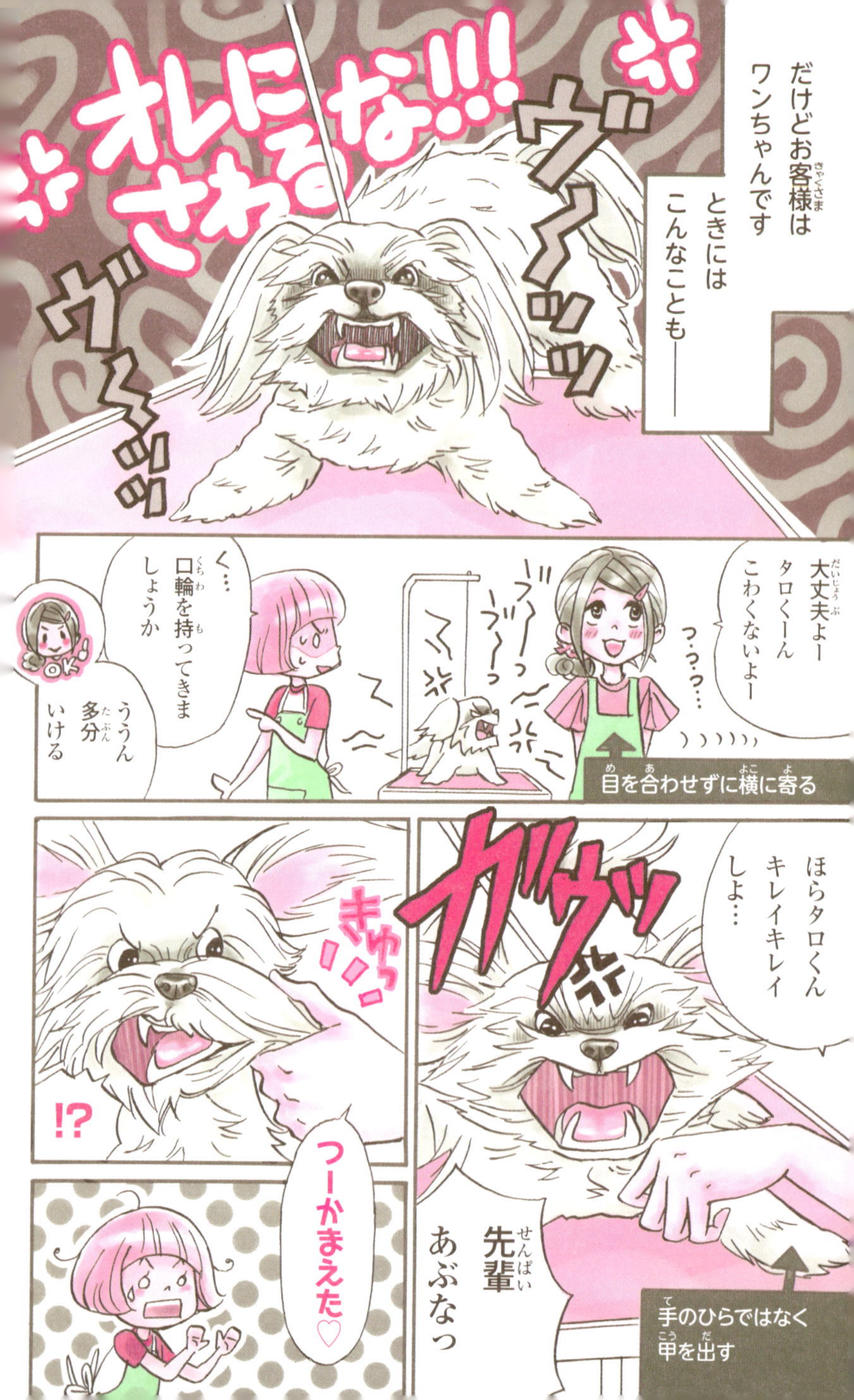
だけどお客様《きゃくさま》はワンちゃんです
ときにはこんなことも――
オレにさわるな!!!
ヴ〜ッッッ
ヴ〜ッッ
大丈夫《だいじょうぶ》よー
タロくーん
こわくないよー
つ・つ・つ…
目《め》を合《あ》わせずに横《よこ》に寄《よ》る
ぶ〜っ
ぶ〜っ
く…
口輪《くちわ》を持《も》ってきましょうか
ううん
多分《たぶん》いける
OK
ほらタロくん
キレイキレイしよ…
ガヴッ
先輩《せんぱい》あぶなっ
手《て》のひらではなく甲《こう》を出《だ》す
きゅっ
!?
つーかまえた♡

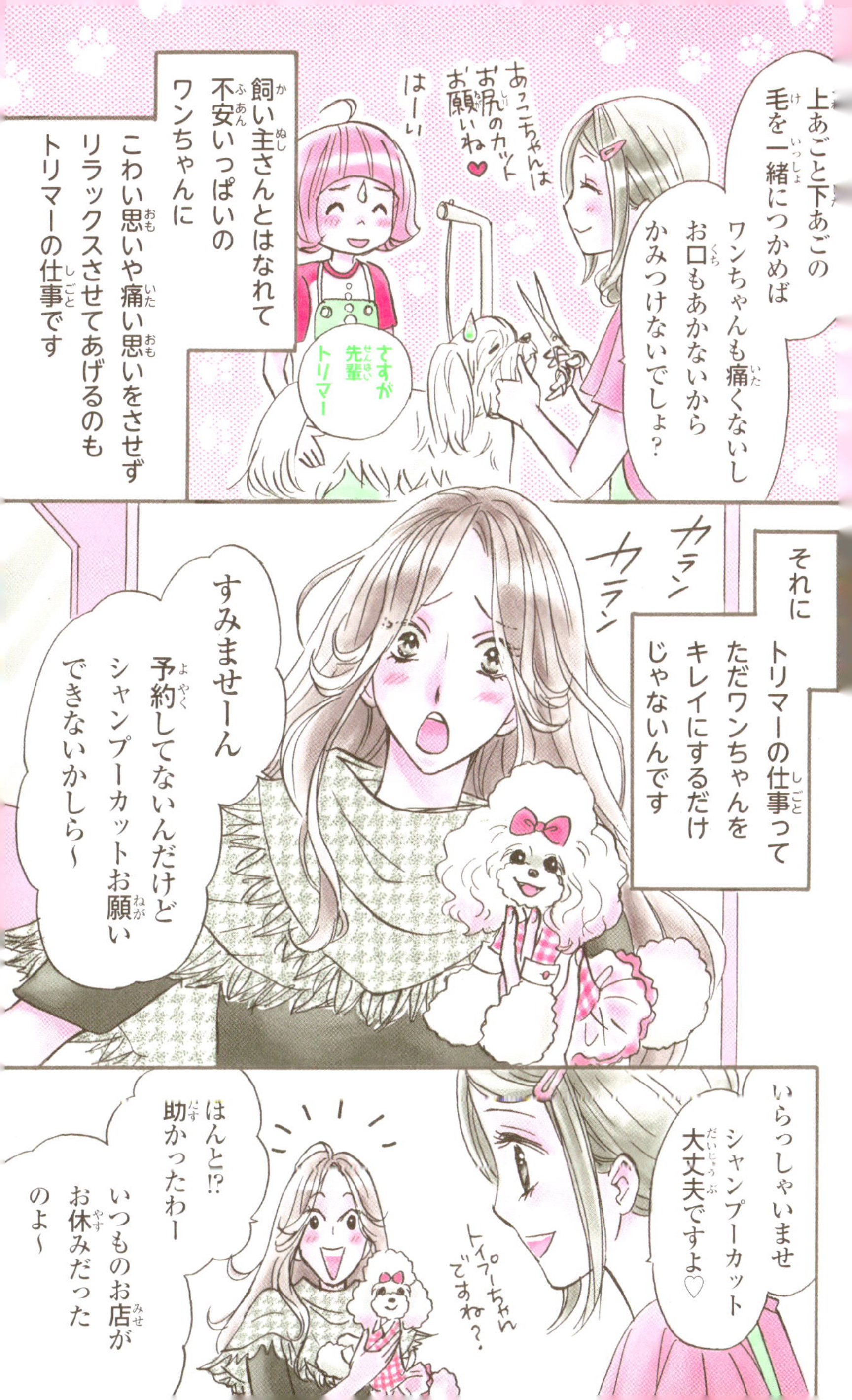

上《うわ》あごと下《した》あごの毛《け》を一緒《いっしょ》につかめば
ワンちゃんも痛《いた》くないし お口《くち》もあかないから かみつけないでしょ？
あっこちゃんはお尻《しり》のカットお願《ねが》いね♡
はーい
飼《か》い主《ぬし》さんとはなれて不安《ふあん》いっぱいのワンちゃんに こわい思《おも》いや痛《いた》い思《おも》いをさせずリラックスさせてあげるのもトリマーの仕事《しごと》です
さすが先輩《せんぱい》トリマー
それに
トリマーの仕事《しごと》ってただワンちゃんをキレイにするだけじゃないんです
カラン カラン
すみませーん
予約《よやく》してないんだけどシャンプーカットお願《ねが》いできないかしら～
いらっしゃいませ
シャンプーカット大丈夫《だいじょうぶ》ですよ♡
トイプーちゃんですね？
ほんと!? 助《たす》かったわー
いつものお店《みせ》がお休《やす》みだったのよ～

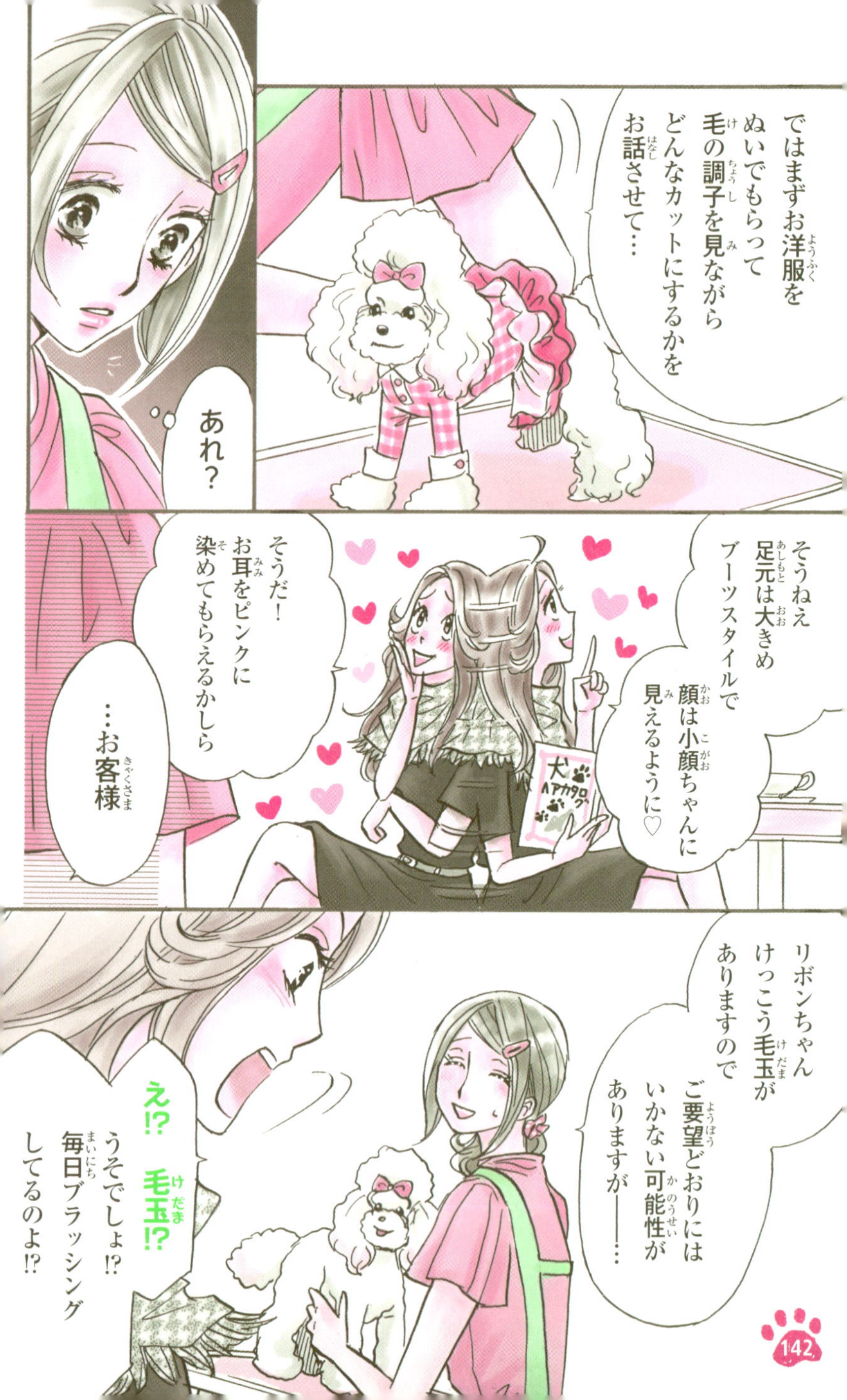
ではまずお洋服《ようふく》をぬいでもらって毛《け》の調子《ちょうし》を見《み》ながらどんなカットにするかをお話《はなし》させて…
あれ？
そうねえ足元《あしもと》は大《おお》きめブーツスタイルで
顔《かお》は小顔《こがお》ちゃんに見《み》えるように♡
そうだ！お耳《みみ》をピンクに染《そ》めてもらえるかしら
…お客様《きゃくさま》
リボンちゃんけっこう毛玉《けだま》がありますので
ご要望《ようぼう》どおりにはいかない可能性《かのうせい》がありますが――…
え!? 毛玉《けだま》!?
うそでしょ!? 毎日《まいにち》ブラッシングしてるのよ!?

ブラシだって いつもバッグに入《い》れて 持《も》ち歩《ある》いてるしっ
ほらっ
デコ!!
あ゛～…
それはブラシとしては 役《やく》に立《た》たんわ…
ゴッテゴテ…
ステキですが ピンが短《みじか》すぎて 根元《ねもと》まで 届《とど》かなかったんですね
ひとみ先輩《せんぱい》やさしいっ
…これ ダメ…？
ブラシとしては 使《つか》いづらいですね
重《おも》くて持《も》ちにくいですし
そっかー しょーがないなぁ じゃあ 「できるかぎり」 要望《ようぼう》に近《ちか》づけて カットしてくれる？
もちろん！
できるだけ 長《なが》さを保《たも》てるよう がんばります！
じゃああとは おまかせするわっ
仕事《しごと》ぬけて 来《き》ちゃったの
終《お》わったら 迎《むか》えに きまーす

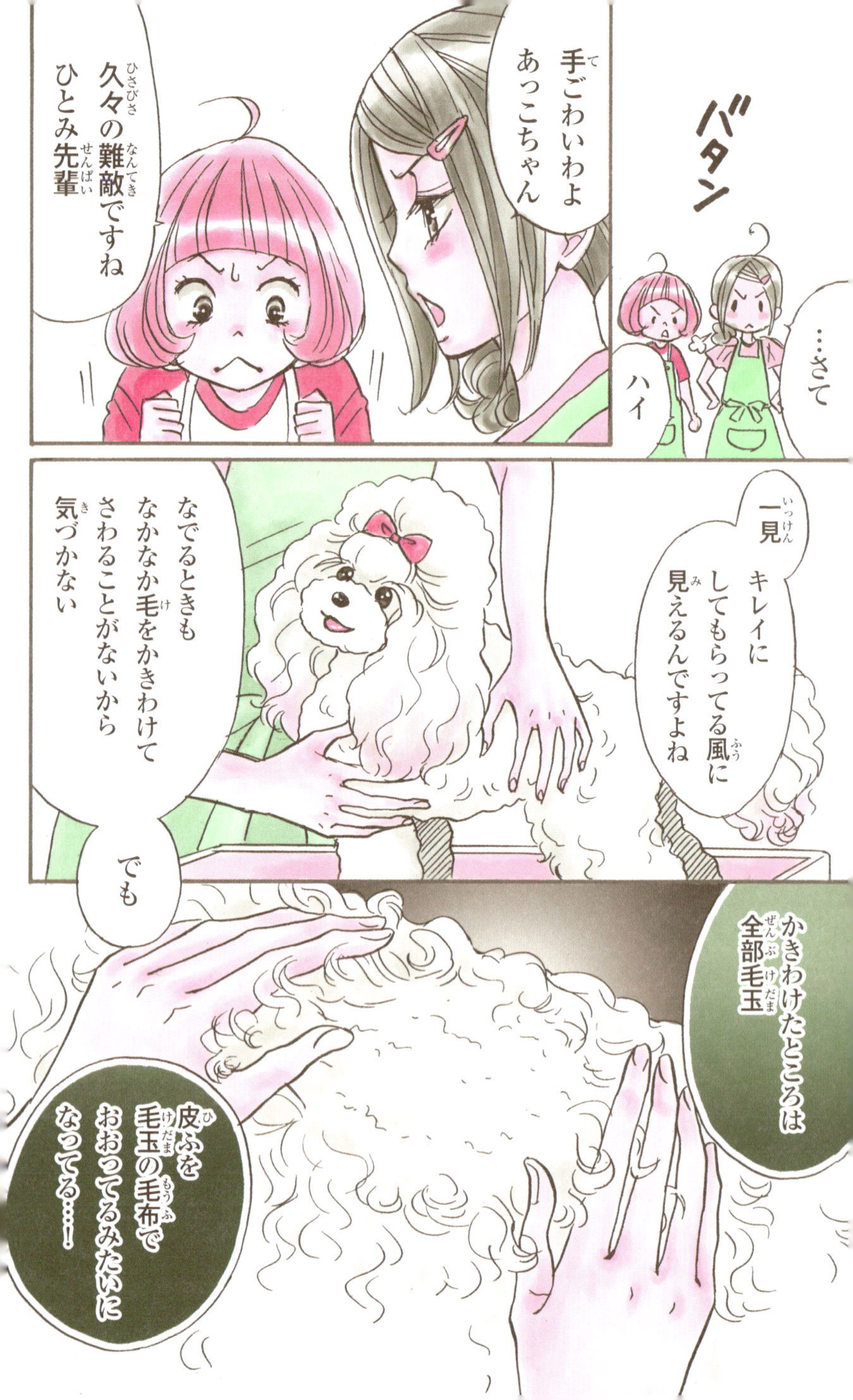
バタン
…さて
ハイ
手《て》ごわいわよ あっこちゃん
久々《ひさびさ》の難敵《なんてき》ですね ひとみ先輩《せんぱい》
一見《いっけん》 キレイにしてもらってる風《ふう》に見《み》えるんですよね
なでるときも なかなか毛《け》をかきわけて さわることがないから 気《き》づかない
でも
かきわけたところは 全部《ぜんぶ》毛玉《けだま》
皮《ひ》ふを 毛玉《けだま》の毛布《もうふ》で おおってるみたいに なってる…!

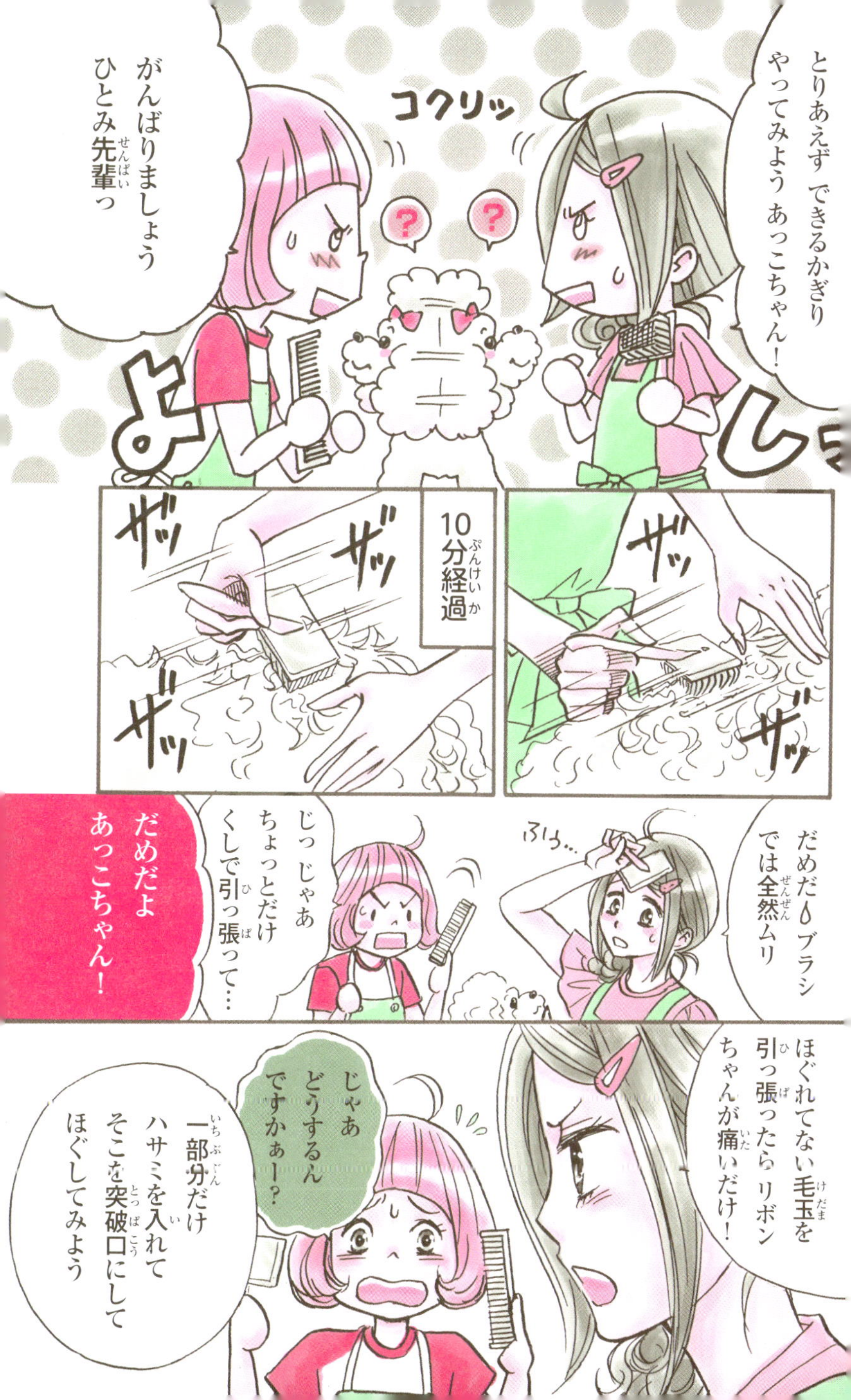
とりあえず できるかぎり やってみよう あっこちゃん！
コクリッ
がんばりましょう ひとみ先輩《せんぱい》っ
よしっ
ザッ
ザッ
10分経過《ぷんけいか》
ザッ
ザッ
ザッ
だめだ ブラシでは全然《ぜんぜん》ムリ
ふぅ…
じっ じゃあ ちょっとだけ くしで引《ひ》っ張《ぱ》って…
だめだよ あっこちゃん！
ほぐれてない毛玉《けだま》を引《ひ》っ張《ぱ》ったら リボンちゃんが痛《いた》いだけ！
じゃあ どうするん ですかぁー？
一部分《いちぶぶん》だけ ハサミを入《い》れて そこを突破口《とっぱこう》にして ほぐしてみよう

こうやって皮《ひ》ふに当《あ》てないように毛玉毛布《けだまもうふ》にハサミを差《さ》し込《こ》んで
そのまま刃先《はさき》をすべらせて毛玉毛布《けだまもうふ》を縦《たて》にさけば
ツー…
そこからブラシが
…あっ
毛玉《けだま》の下《した》の皮《ひ》ふが
赤《あか》くただれてる……

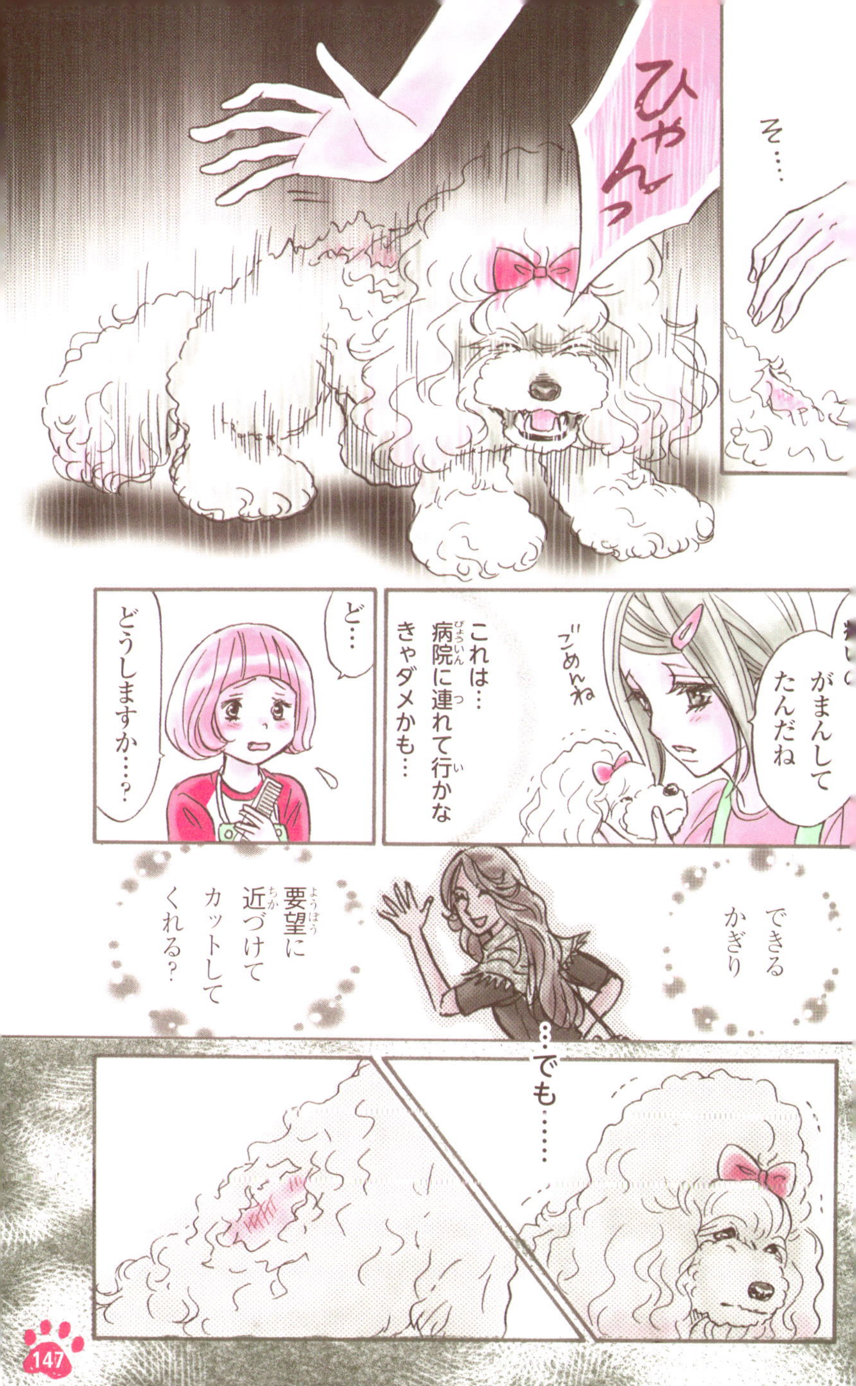

そ…
ひゃんっ
がまんしてたんだね
ごめんね
これは…病院《びょういん》に連《つ》れて行《い》かなきゃダメかも…
ど…
どうしますか…?
できるかぎり
要望《ようぼう》に近《ちか》づけてカットしてくれる?
…でも……

…あっこちゃん
はっ　はいっ
バリカン
用意《ようい》してもらえる？
1ミリ刃《ば》
1ミリって
めっちゃ短《みじか》…
……!!
わっ
わかり
ましたっっ

リボン!?
うそ!! なんで!?
ご要望《ようぼう》に そえなくて すみません
そえないどころじゃ ないじゃない!!
どうして くれるのよっ こんなに短《みじか》く してしまって!!
はい…でも
リボンちゃんの 背中《せなか》を見《み》て もらえませんか…?
背中《せなか》…?

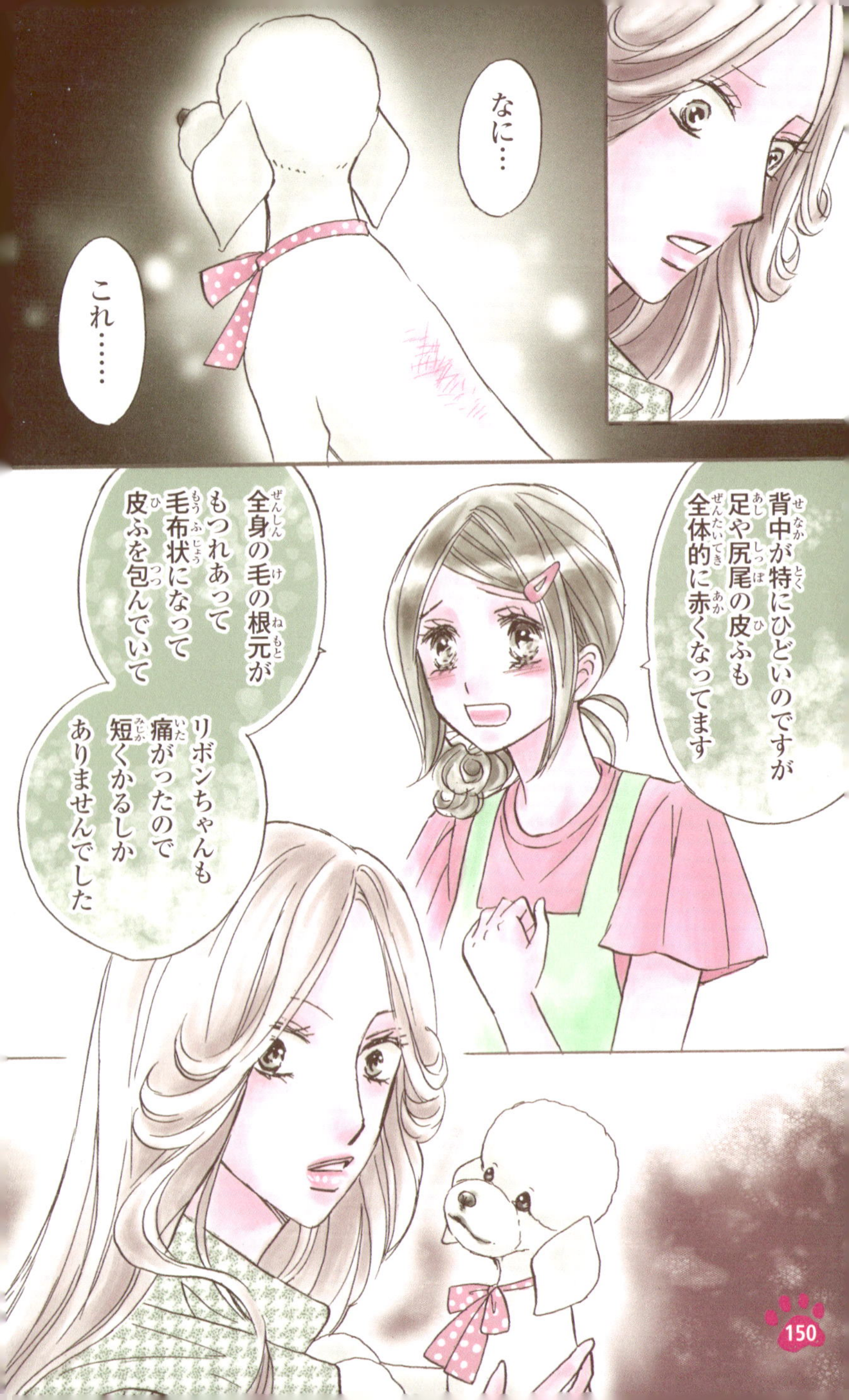
なに…
これ……
背中《せなか》が特《とく》にひどいのですが足《あし》や尻尾《しっぽ》の皮《ひ》ふも全体的《ぜんたいてき》に赤《あか》くなってます
全身《ぜんしん》の毛《け》の根元《ねもと》がもつれあって毛布状《もうふじょう》になって皮《ひ》ふを包《つつ》んでいてリボンちゃんも痛《いた》がったので短《みじか》くかるしかありませんでした

お薬《くすり》が必要《ひつよう》なレベルです
どうかすぐに病院《びょういん》に連《つ》れて行《い》ってあげてください…！
その後《あと》すぐに飼《か》い主《ぬし》さんは病院《びょういん》へ
そして翌日《よくじつ》――
犬の美容室
昨日《きのう》は本当《ほんとう》にありがとう
皮《ひ》ふが炎症《えんしょう》をおこしてて あのまま放《ほう》っておいたら 最悪《さいあく》 皮《ひ》ふがさけて そこから菌《きん》が入《はい》って
ごめんね…
病気《びょうき》になっていたかもって先生《せんせい》に言《い》われてこわくなったわ…
でもお薬《くすり》で完治《かんち》するって…あなたのおかげだわ
そんな……
よかった
ワンちゃんの体《からだ》の異常《いじょう》を見《み》つけて 飼《か》い主《ぬし》さんにお伝《つた》えするのもわたしたちの仕事《しごと》ですから…

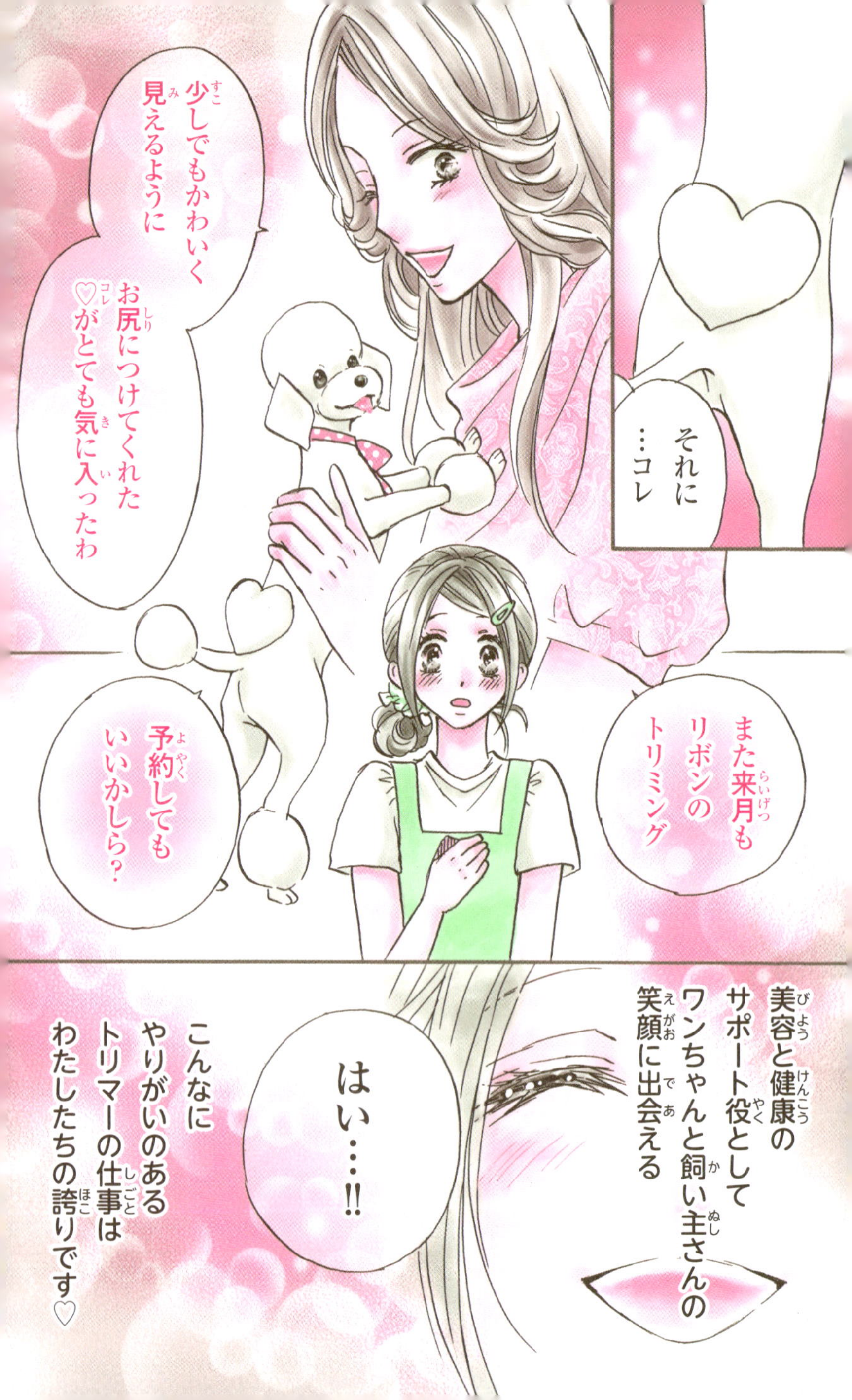
それに…コレ
少《すこ》しでもかわいく見《み》えるように
お尻《しり》につけてくれた♡《コレ》がとても気《き》に入《い》ったわ
また来月《らいげつ》もリボンのトリミング
予約《よやく》してもいいかしら？
美容《びよう》と健康《けんこう》のサポート役《やく》としてワンちゃんと飼《か》い主《ぬし》さんの笑顔《えがお》に出会《であ》える
はい…!!
こんなにやりがいのあるトリマーの仕事《しごと》はわたしたちの誇《ほこ》りです♡

どうぶつの体《からだ》をおおう毛《け》のことを被毛《ひもう》（コート）というよ。実《じつ》はいろいろなタイプがあって、ケアのポイントもちがうよ。

トリマーひとみの

ワンちゃんのビューティケアレッスン

毛《け》の生《は》え方《かた》は2種類《しゅるい》あるよ！

シングルコート（単毛《たんもう》）

皮膚《ひふ》を保護《ほご》する上毛《うわげ》（オーバーコート）のみで、年中通《ねんじゅうとお》して少《すこ》しずつ毛《け》が生《は》えかわるため、あまり抜《ぬ》け毛《げ》が目立《めだ》たないよ。下毛《したげ》（アンダーコート）がないのでダブルコートの犬種《けんしゅ》に比《くら》べて寒《さむ》さに弱《よわ》い。

●おもな犬種《けんしゅ》●

プードル、マルチーズ、パピヨン、ヨークシャテリアなど

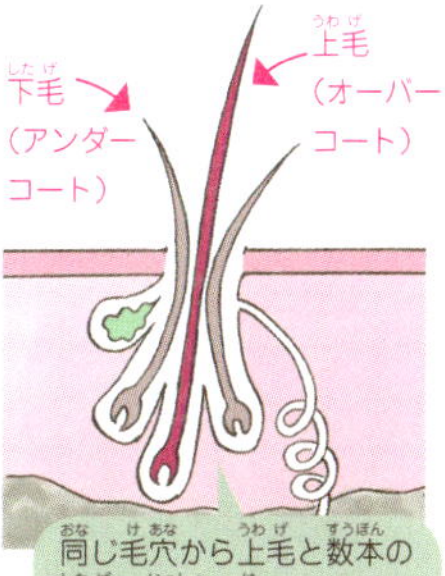
下毛《したげ》（アンダーコート）
上毛《うわげ》（オーバーコート）
同《おな》じ毛穴《けあな》から上毛《うわげ》と数本《すうほん》の下毛《したげ》が一緒《いっしょ》に生《は》えている

ダブルコート（二重毛《にじゅうもう》）

長《なが》くてかたい上毛《うわげ》（オーバーコート）と短《みじか》くやわらかい下毛《したげ》（アンダーコート）を持《も》っていて、春《はる》と秋《あき》に毛《け》が抜《ぬ》けかわる換毛期《かんもうき》がある。上毛《うわげ》は皮《ひ》ふを保護《ほご》し、下毛《したげ》は体温《たいおん》調節《ちょうせつ》の役割《やくわり》をはたすよ。

●おもな犬種《けんしゅ》●

ミニチュアダックス、ポメラニアン、レトリーバー種《しゅ》、柴犬《しばいぬ》などの日本犬《にほんけん》

毛《け》のタイプもいろいろ！

スムースコート

フレンチブルドッグなどのような短《みじか》い毛《け》のこと。光沢《こうたく》があってなめらか。

ビューティアドバイス

普段《ふだん》は蒸《む》しタオルなどでやさしくふいてよごれを取《と》ってあげよう。

ショートコート

コーギーなどのややかためで短《みじか》いタイプの毛《け》。スムースコートよりボリュームがある。

ビューティアドバイス

抜《ぬ》け毛《げ》の量《りょう》が多《おお》いので、こまめにブラッシングを！

ロングコート

ポメラニアンなどの毛《け》が長《なが》いタイプ。まっすぐな毛《け》やウェービーなど毛質《もうしつ》はさまざま。

ビューティアドバイス

目《め》のまわりの毛《け》が目《め》に入《はい》らないように注意《ちゅうい》。

ワイヤーコート

ミニチュアシュナイザーやテリア犬種《けんしゅ》に多《おお》い、ごわごわした頑丈《がんじょう》なタイプの毛《け》。

ビューティアドバイス

ワイヤーコートを維持《いじ》するにはプラッキングと呼《よ》ばれる毛《け》を抜《ぬ》く作業《さぎょう》が必要《ひつよう》だよ。

カーリーコート

トイプードルのような、くるくるとした巻《ま》き毛《げ》タイプの毛《け》。

ビューティアドバイス

毛玉《けだま》になりやすいのでブラッシングは欠《か》かさずに。毛《け》をかき分《わ》けて根元《ねもと》からとかすのがコツ。

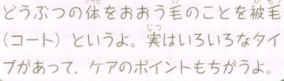

～命《いのち》に寄《よ》りそって～

第《だい》11話《わ》 そばにいるよ

どうぶつぎらいだったおばあちゃんが、いつの間《ま》にか…。

どうぶつ飼《か》いたいって？
母《かあ》さんたちはいいけど……夏帆《かほ》はちゃんとめんどうみられるの？
ダメダメどうぶつなんて
犬《いぬ》なんてもってのほかだよ
おばあちゃんお願《ねが》～い
そんなことよりばあちゃんの手伝《てつだ》いして
ぶ～っ。。。
両親《りょうしん》は共働《ともばたら》き祖父母《そふぼ》は畑仕事《はたけしごと》でいそがしく
わたしはどうしても遊《あそ》び相手《あいて》がほしかった

おばあちゃん昔《むかし》のら犬《いぬ》にかまれたんだって
それでどうぶつぎらいになったの?
うん
おばあちゃんさえいいよって言《い》ってくれたらうちもどうぶつ飼《か》えるのにな～
犬《いぬ》がこわいならネコにしたら?
ネコはあんまりべたべた寄《よ》ってこないよ
そのツンデレな感《かん》じがいいよね～
そういえばとなりの家《いえ》のネコが先月《せんげつ》赤《あか》ちゃん産《う》んで
里親《さとおや》さん探《さが》してたよ
あとで見《み》に行《い》く?

見《み》てこのコ！
おばあちゃん！ ほら！ かわいくない!?
写真《しゃしん》もらったの
……
里親《さとおや》さん見《み》つからなくて困《こま》ってるんだって！
ネコならあんまり人《ひと》に寄《よ》ってこないっていうし
いいでしょ!?
犬《いぬ》みたいにかんだりしないって
ねっ？
はあ…

どうせばあちゃんがウンと言《い》うまで言《い》い続《つづ》ける気《き》だろう？
うっ
まったく…
しょうがないね…お世話《せわ》はちゃんとするんだよ
やったー！
そうしてテツがやって来《き》た
かわい〜♡

おばあちゃん ほら!
いや ばあちゃんは いいよ…
テツ〜 ごはんだよ
食《た》べないね
来《き》たばかりで 緊張《きんちょう》してる のかな?
こらっ
ビニール かじっちゃ ダメだってば
わっ こんなところに おしっこ してるー!
おばあちゃんの ざぶとん!
ミュッ
ミュッ
……

そうして数《すう》か月《げつ》が経《た》った
んにゃあ
なんだい なんだい
近寄《ちかよ》るんじゃないよ
ニャー
相変《あいか》わらずだなぁ…

お義父《とう》さん
じゃ明日《あした》から1週間《しゅうかん》ほど実家《じっか》へ行《い》ってきますのでよろしくお願《ねが》いします
おー
こっちは心配《しんぱい》いらないからゆっくりしておいで
おじいちゃんテツのこと頼《たの》むね！
トイレは砂《すな》が固《かた》まってからだよ
わかったよ
うんうん
——1週間後《しゅうかんご》
ただいまー

おかえり
えええええっ!?
?
?

畑《はたけ》仕事《しごと》が
いそがしくてね
代《か》わりにばあちゃんに
エサやり頼《たの》んでたら
いつの間《ま》にか
仲《なか》よしになって
いたんだよ
おばあちゃん
こわくないの？
こわいこと
あるかい
あまえられるのも
悪《わる》くないね
それからテツは
家族《かぞく》のだれよりも
おばあちゃんに
なつき
気《き》がつけば
いつも
おばあちゃんの
ひざの上《うえ》にいた

もうテツはおばあちゃんのネコだね～
テツ～
こっちにもおいでよ～
それはわたしが大学生《だいがくせい》になっても変《か》わらなかったのだけど…
おばあちゃんまた入院《にゅういん》なの？
うんそんなに長《なが》くはならないと思《おも》うんだけどね
着替《きが》え持《も》って病院《びょういん》行《い》かなきゃ

テッ
おばあちゃんの座布団《ざぶとん》からはなれないね
おばあちゃんが帰《かえ》ってくるの待《ま》ってるんだろうね
テッ
おばあちゃんの入院《にゅういん》長《なが》くはならないってまたすぐ会《あ》えるからね
んにゃー

けれど おばあちゃんの体調《たいちょう》は なかなかよくならず 入院生活《にゅういんせいかつ》は長引《ながび》いた――
そんななか 年末《ねんまつ》に 一時帰宅《いちじきたく》が 許《ゆる》された
クリスマス みんなで 過《す》ごせて よかったね
お正月《しょうがつ》は おばあちゃんの 好《す》きな茶碗蒸《ちゃわんむ》し 作《つく》るね！
みんな ありがとうね

今年《ことし》も もう終《お》わりだね
おせちの準備《じゅんび》手伝《てつだ》って
はーい
テツは おばあちゃんが 帰《かえ》ってきてから ずっとそばにいて その横《よこ》を はなれようと しなかった
おばあちゃん 年越《としこ》しそば 食《た》べられる かな？

ザー…
おばあちゃん…？
大晦日《おおみそか》の夜《よる》
おばあちゃんは
息《いき》を引《ひ》き取《と》った

おばあちゃんが天国《てんごく》へと旅立《たびだ》って1年《ねん》
ニャー
テツ
スリ…
じいちゃんを心配《しんぱい》してくれているのかい
ははっ
大丈夫《だいじょうぶ》じいちゃんは元気《げんき》だよ

おかしなもんだ 人《ひと》に なつかないからって ネコを飼《か》ったのに
ばあちゃんにとって テツは…… かけがえのない 存在《そんざい》になった
ばあちゃんに 会《あ》いたいか… なぁ？ テツ
おばあちゃんの 一周忌《いっしゅうき》が終《お》わった 日《ひ》の午後《ごご》
テツは自分《じぶん》の役目《やくめ》を 終《お》えたかのように おばあちゃんの元《もと》へと 旅立《たびだ》っていった

青空《あおぞら》純《じゅん》物語《ものがたり》

第《だい》12話《わ》

〜命《いのち》の責任《せきにん》〜

深《ふか》まるキズナ

初《はじ》めて犬《いぬ》を飼《か》いとまどう若夫婦《わかふうふ》。純《じゅん》はふたりの家《いえ》へ行《い》くことに…。

ペットショップ
ペットを飼《か》うって こうやって いろんなことが おきるんですよ…
……
ごめんなさいっ
ただの アルバイトなのに えらそうなこと 言《い》ってしまって…
…そんなこと ないです 言《い》われて 目《め》が覚《さ》めました
言《い》ってもらえて よかった

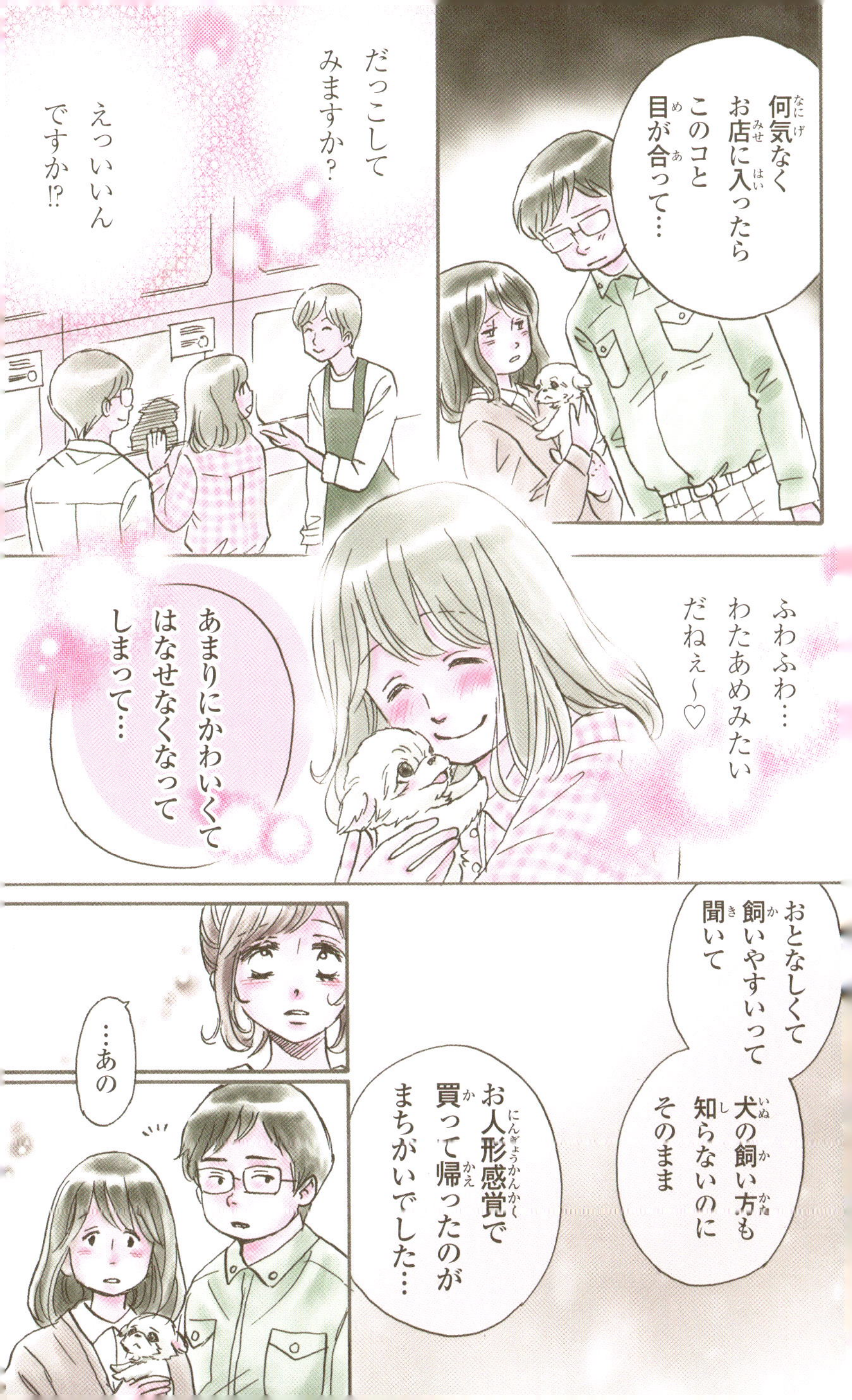
何気《なにげ》なくお店《みせ》に入《はい》ったらこのコと目《め》が合《あ》って…
だっこしてみますか?
えっいいんですか!?
ふわふわ…わたあめみたいだねぇ～♡
あまりにかわいくてはなせなくなってしまって…
おとなしくて飼《か》いやすいって聞《き》いて
犬《いぬ》の飼《か》い方《かた》も知《し》らないのにそのまま
お人形感覚《にんぎょうかんかく》で買《か》って帰《かえ》ったのがまちがいでした…
…あの

これから勉強《べんきょう》してもおそくないです!!
わたしにお手伝《てつだ》いできることがあればなんでも言《い》ってください!
ごめんねさっそくお言葉《ことば》にあまえちゃって
大丈夫《だいじょうぶ》ですよ♪
ワンちゃんと飼《か》い主《ぬし》さんが幸《しあわ》せになるお手伝《てつだ》いは楽《たの》しいです♡
よしっ
ハウスの組《く》み立《た》てと設置《せっち》が終《お》わりましたよ
おぉ…!!

左側《ひだりがわ》がトイレスペース　奥《おく》は寝室用《しんしつよう》のクレートです
クレート
トイレ
お水《みず》
クッション
普段《ふだん》からクレートに慣《な》れていると
乗《の》り物移動《ものいどう》や災害《さいがい》のときもいやがらなくて助《たす》かりますよ
クレートやハウスは「せまくてかわいそう」という人《ひと》もときどきいるんですが
ワンちゃんは本来穴《ほんらいあな》ぐらが好《す》きなので
寝室《しんしつ》や休《やす》む場所《ばしょ》はせまくて薄暗《うすぐら》いほうが落《お》ち着《つ》くんです
ふく…
ほんとだ…くつろいでるな
落《お》ち着《つ》いた顔《かお》してるわ…

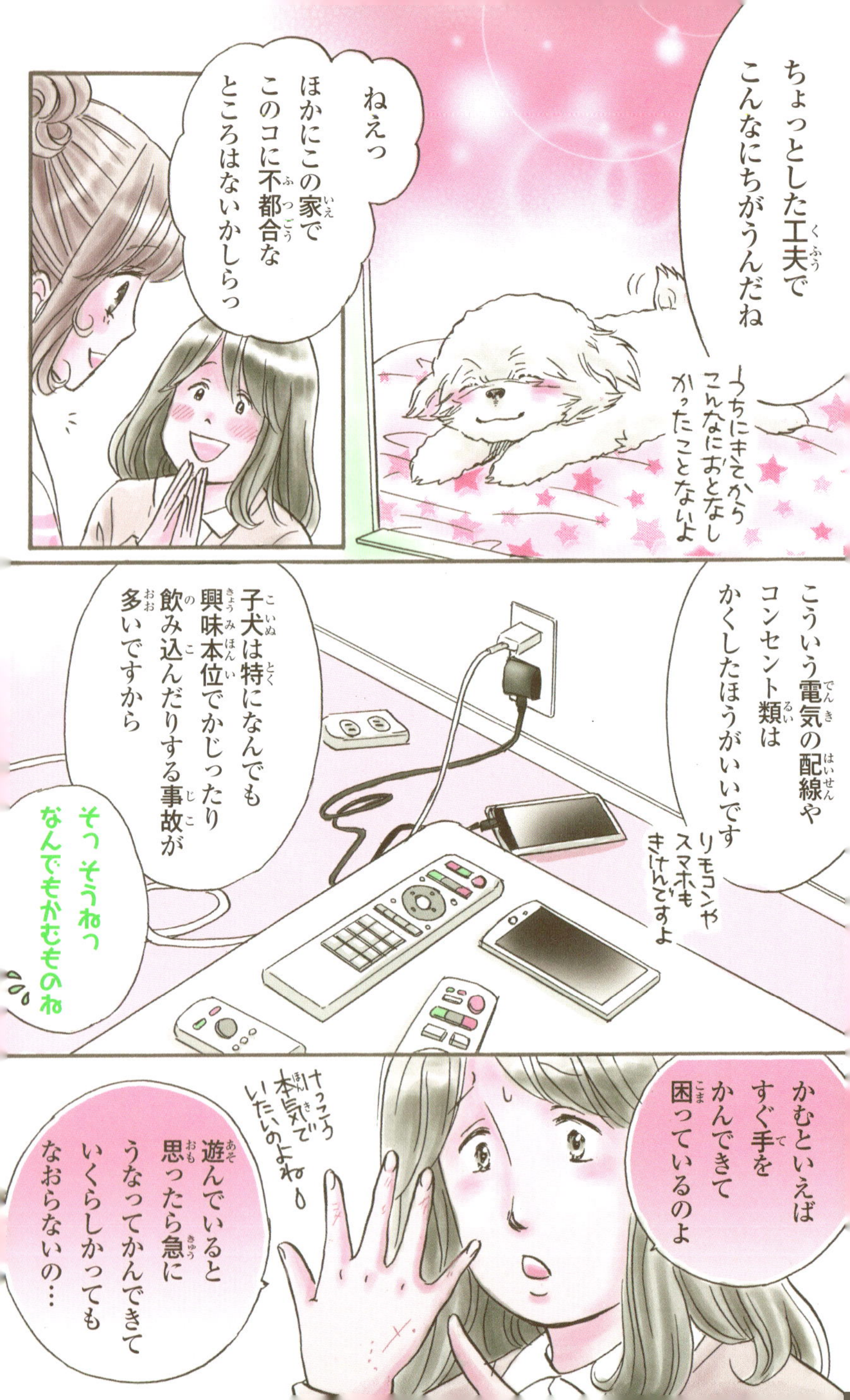

ちょっとした工夫《くふう》で こんなにちがうんだね
うちにきてから こんなにおとなしかったことないよ
ねえっ ほかにこの家《いえ》で このコに不都合《ふつごう》な ところはないかしらっ
こういう電気《でんき》の配線《はいせん》や コンセント類《るい》は かくしたほうがいいです
リモコンや スマホも きけんですよ
子犬《こいぬ》は特《とく》になんでも 興味本位《きょうみほんい》でかじったり 飲《の》み込《こ》んだりする事故《じこ》が 多《おお》いですから
そう そうねっ なんでもかむものね
かむといえば すぐ手《て》を かんできて 困《こま》っているのよ
けっこう 本気《ほんき》で いたいのよね
遊《あそ》んでいると 思《おも》ったら急《きゅう》に うなってかんできて いくらしかっても なおらないの…

子犬《こいぬ》は飼《か》い主《ぬし》さんに かまってほしくて かんでくるんです 大《おお》きな声《こえ》を出《だ》すと 「かまってくれた！」って 喜《よろこ》んで さらにかみますよ
えっ そうなの!? だったらどう しかれば……
ワクチンが終《お》わるまで 「歩《ある》き散歩《さんぽ》」は無理《むり》なので 「だっこ散歩《さんぽ》」をたくさん してあげたらどうでしょう
外《そと》の世界《せかい》に たくさんふれることで 子犬《こいぬ》も満足《まんぞく》して エネルギー発散《はっさん》にも なりますよ
…散歩《さんぽ》？ しからないの??
「かんだこと」をしかるより ストレスをためさせないようにして 「かまない状態《じょうたい》」を作《つく》って あげるほうが案外効《あんがいき》くんです
なるほど ねえ――…
気《き》がつけば さっきまでは 「人形《にんぎょう》を買《か》った」 お客《きゃく》さんが
「ワンちゃんの ステキな 飼《か》い主《ぬし》」に なり始《はじ》めて いました――

今日《きょう》は本当《ほんとう》に ありがとう 青空《あおぞら》さん
いえ また困《こま》ったことが あればいつでも 声《こえ》をかけてくださいね
ペットは
こちらが愛情《あいじょう》をもって接《せっ》すれば 無償《むしょう》の愛《あい》で答《こた》えてくれます
またね♡
落《お》ち込《こ》んだときは そばにいてくれるし
大好《だいす》きな 飼《か》い主《ぬし》さんのために キセキをおこす コだっています
たくさん 愛《あい》して 愛《あい》されて
みんながハッピーに 生《い》きられますように

第《だい》2章《しょう》

生《い》きる力《ちから》、つながる命《いのち》

地球上《ちきゅうじょう》に暮《く》らすさまざまなどうぶつたちの
誕生《たんじょう》、子育《こそだ》て、成長《せいちょう》、そして……。
野生《やせい》どうぶつたちの
命《いのち》の営《いとな》みのお話《はなし》だよ。

青空純物語《あおそらじゅんものがたり》

第《だい》13話《わ》

～命《いのち》を考《かんが》える～

命《いのち》の教室《きょうしつ》

立花先生《たちばなせんせい》のアドバイスを受《う》けて、純《じゅん》は動物園《どうぶつえん》へ行《い》くことに……。

…あの
ん？
先生《せんせい》はどうして獣医《じゅうい》さんになったんですか？
え？なんだい？急《きゅう》に
もうすぐ大学《だいがく》も4年生《ねんせい》だしそろそろ進路《しんろ》を絞《しぼ》らないといけなくて
どうぶつに関《かか》わる仕事《しごと》には絶対《ぜったい》つきたいんですけど関《かか》わるっていってもいろんな関《かか》わり方《かた》があって迷《まよ》ってるんです
参考《さんこう》までに先生《せんせい》の理由《りゆう》も聞《き》いてみたいなーって
ああ
なるほどね

ぼくはね
田舎《いなか》で生《い》き物《もの》たちに囲《かこ》まれて育《そだ》ったんだ
えっ
先生《せんせい》って都会《とかい》っ子《こ》だと思《おも》ってた
意外《いがい》…
子《こ》どものころは自然《しぜん》のなかで遊《あそ》ぶのが好《す》きで
学校《がっこう》から帰《かえ》ると玄関《げんかん》にランドセルを放《ほう》り投《な》げて
すぐに裏山《うらやま》に遊《あそ》びにいってたよ

木《き》に登《のぼ》って
小鳥《ことり》の巣《す》を
観察《かんさつ》したり
ピルルルル
ピルルルル
いっぱいみつけたんだー♫
ダンゴムシを
ポケットいっぱいに
つめて帰《かえ》って
しかられたりさ
あのころは
足《あし》だけはえた
おたまじゃくしが
一番《いちばん》好《す》きだったなぁ
仮面《かめん》ライダーの
変身《へんしん》より
ずっと神秘《しんぴ》だよ
そ…そうですか……
先生《せんせい》…
なにかと意外《いがい》…
家《いえ》では犬《いぬ》と
ニワトリを飼《か》ってたし
親《しん》せきは牧場《ぼくじょう》を
経営《けいえい》しててね
がんばれーっ
がんばれーっ
牛《うし》の出産《しゅっさん》を
見《み》たときは
本当《ほんとう》に感動《かんどう》したよ

牛《うし》の出産《しゅっさん》！すごい!!
うん
…でもね
〝生《せい》〟があるってことは同《おな》じくらい〝死《し》〟もあって
たくさんの〝死《し》〟とも向《む》き合《あ》わなければならなかった
ぼくにとっては自然《しぜん》な流《なが》れで〝助《たす》けられる人《ひと》〟になりたいと思《おも》うようになったんだ

すごく
ステキ
です
あ…
いや
なんか
ありがとう
かあああ〜…
ぽり
ぽり
い…
いえ…
そっそうだっ
進路《しんろ》の話《はなし》だったねっ
ぼくの後輩《こうはい》の
「島田《しまだ》」ってヤツが
動物園《どうぶつえん》で働《はたら》いて
いるんだけどさ

大学《だいがく》は今《いま》春休《はるやす》みだろう? 青空《あおぞら》さんのこと話《はな》しておくから勉強《べんきょう》がてら行《い》ってみたらどうかな…?
花丸動物園
島田小春《しまだこはる》です!
「青空《あおぞら》さん」ね? 立花先輩《たちばなせんぱい》から話《はなし》は聞《き》いてるわ 今日《きょう》はよろしく!
ん? ナニ?
いっいえっ よっよろしくお願《ねが》いしますっ
―びっくりした 「後輩《こうはい》」ってっきり男《おとこ》の人《ひと》だと思《おも》ってたから…

小春《こはる》さんは ていねいに園内《えんない》を 案内《あんない》してくれた
展示《てんじ》の工夫《くふう》や 飼育員《しいくいん》の仕事《しごと》 めずらしいどうぶつの 生態《せいたい》も
知的《ちてき》な小春《こはる》さんの 説明《せつめい》はとても わかりやすく——……
つぎはそうね ……あっ 「園長《えんちょう》の 青空教室《あおぞらきょうしつ》」 見《み》て行《い》かない？
子《こ》どもたちに もっと どうぶつのこと 知《し》ってもらい たくて園長《えんちょう》が テーマを決《き》めて お話《はなし》してるんだ
今日《きょう》のテーマは たしか
〝どうぶつと 命《いのち》〟について

~命《いのち》を育《はぐく》む~

第《だい》14話《わ》 母《はは》になったリアン

絶滅《ぜつめつ》が危惧《きぐ》されるオランウータンのリアンがお見合《みあ》いをすることに……。

ここは北海道《ほっかいどう》旭山動物園《あさひやまどうぶつえん》
こらこらリアン!
そうじができないじゃないか
市旭山動物園
オランウータン（メス）リアン
青木《あおき》さん
リアンにすっかり信頼《しんらい》されてうれしいですね
ああ
リアンが台湾《たいわん》から来《き》たころは不安《ふあん》だったからなぁ

もっとも知《し》らないところにひとりぼっちで来《き》たリアンのほうがもっと不安《ふあん》だっただろうから
毎日《まいにち》どうすれば安心《あんしん》してくれるかそればかり考《かんが》えていたよ
いよいよ来月《らいげつ》ですね広島《ひろしま》からおむこさんのジャックが来《く》るの
ああお見合《みあ》いうまくいってくれるといいな…
動物園《どうぶつえん》では絶滅《ぜつめつ》が危惧《きぐ》されるどうぶつの子孫《しそん》を増《ふ》やす活動《かつどう》もしています
リアンも赤《あか》ちゃんを産《う》むためにおむこさんを迎《むか》えてお見合《みあ》いをすることに…

実際《じっさい》見《み》ると大《おお》きいな！
ジャックが140キロリアンが45キロだから…3倍以上《ばいいじょう》か
慎重《しんちょう》に進《すす》めなきゃ…
オランウータン（オス）ジャック
オランウータンのお見合《みあ》いは危険《きけん》なことも……
オスがメスに暴力《ぼうりょく》をふるいメスが命《いのち》を落《お》としてしまうこともあるのです
しばらくおりをはさんで生活《せいかつ》させ
初《はじ》めて同《おな》じ場所《ばしょ》で2頭《とう》を一緒《いっしょ》にさせる日《ひ》がやってきました

どうか…リアンがケガするようなことがおこりませんように
無事《ぶじ》に仲《なか》よくなりますように…
さぁ…
さぁジャック外《そと》にリアンがいるよ
のそっ…
そそ
数日後《すうじつご》――
リアン今日《きょう》も擬木《ぎぼく》に登《のぼ》っちゃったな
※自然《しぜん》の木《き》に似《に》せて作《つく》ったもの

ジャックが重《おも》くて登《のぼ》れないのをわかってるみたいだな
お見合《みあ》いは失敗《しっぱい》か…
くいっ
ぺちん!
リアン?
ロープでジャックにいたずらしてる!

リアンはジャックに興味《きょうみ》をもったんだ!!
ジャックも手《て》ではらってはいるけど…おこってない
そう……そのままゆっくり……

くるっ…
オス特有《とくゆう》の
背《せ》のキレイな毛《け》を
見《み》てる……

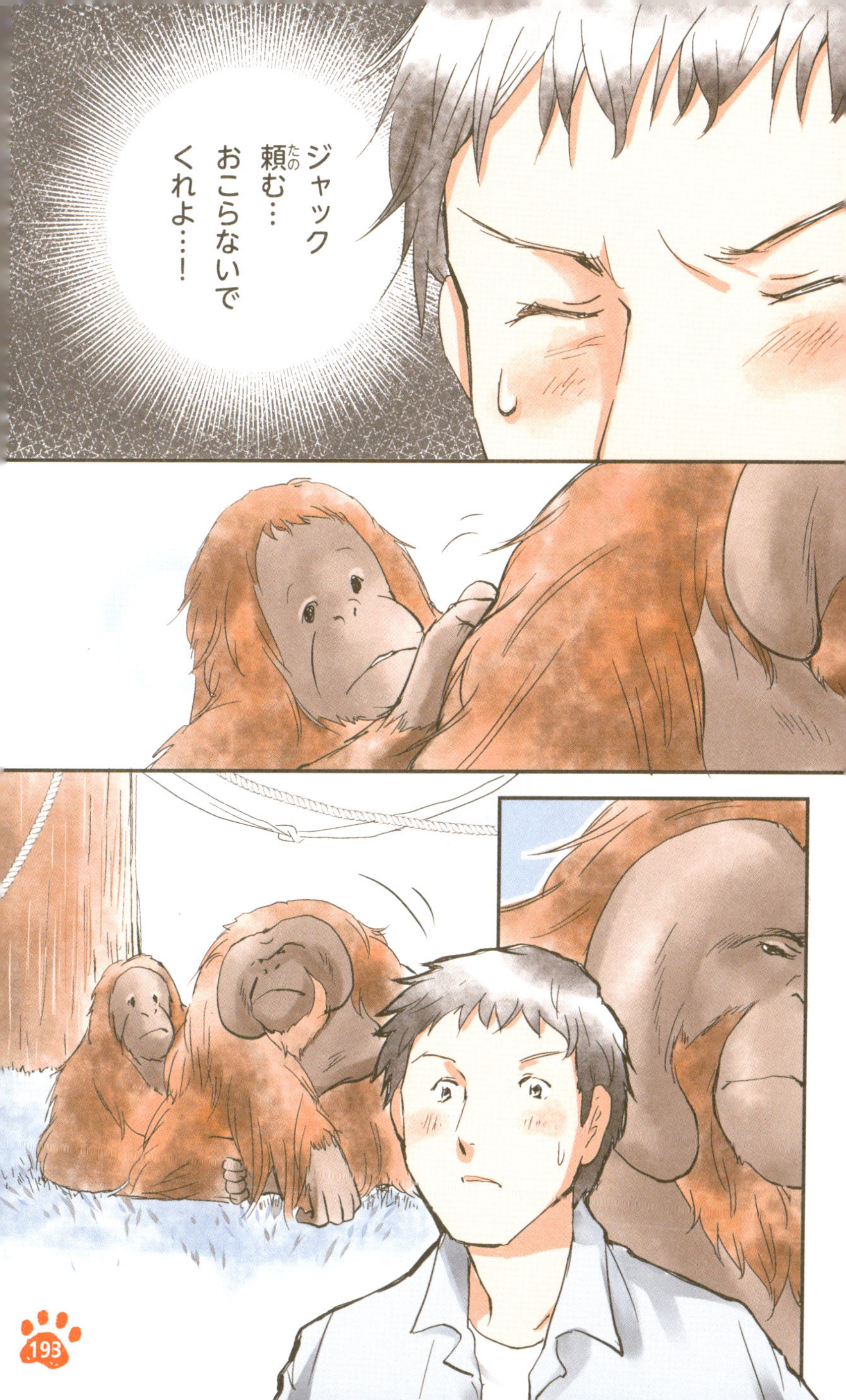
ジャック
頼《たの》む…
おこらないで
くれよ…！

そっ…
よし!
お見合《みあ》い成功《せいこう》だ!
その年《とし》の秋《あき》
リアンの妊娠《にんしん》が
わかりました
計算《けいさん》すると
産《う》まれるのは
来年《らいねん》4月《がつ》ですね

しかし翌年《よくとし》3月《がつ》——…
なんだって⁉
1か月《げつ》も早《はや》いぞ⁉
どこかで計算《けいさん》がちがってたのか…
たしかにリアンの赤《あか》ちゃんが産《う》まれてます！
リアンは？
パニックをおこしていて…赤《あか》ちゃんをイヤがってすみっこでおびえています
キュー
キュ…
このままじゃ赤《あか》ちゃんが…
わかったすぐ行《い》く

バタバタ…
リアンは？
ずっと同《おな》じです…
まずはリアンを落《お》ち着《つ》かせて
赤《あか》ちゃんをだっこさせないと…
リアン？
ほらリアン キミの赤《あか》ちゃんだよ かわいいなぁ
キュー…
興《きょう》味《み》をもってくれない

キィー…!
ぎゅっ…
さっ
あっ
リアンは
ほかのオランウータンが
赤《あか》ちゃんを産《う》むのも
育児《いくじ》をするのも
見《み》たことがない
そんなリアンにとって
この赤《あか》ちゃんは
突然《とつぜん》現《あらわ》れた
なぞの生《い》き物《もの》でしかないんだ
イヤがるかも
しれないけど
おっぱいを
しぼって
吸《す》わせてみよう
よかった
吸《す》わせて
くれた

ぷらん
しかし ずっとオレが ついているわけにもいかない…
リアンが育《そだ》てようと 思《おも》ってくれなければ ダメなんだ…
ばさっ
さっ 赤《あか》ちゃんと 一緒《いっしょ》に寝《ね》ような

ダメだよリアン
赤《あか》ちゃんをだっこするんだ！
うとうと…
はっ
がばっ
…いない！
リアン!?

赤《あか》ちゃんとくっついているうちに母親《ははおや》としての気持《きも》ちが芽生《めば》えたのか…
よかった…
ずるずる…
もう大丈夫《だいじょうぶ》だ…

赤《あか》ちゃんはモモと名《な》づけられすくすくと育《そだ》ち
何《なに》かとリアンのまねをするようになりました
ひょい
オランウータンは親《おや》のすることを見《み》て学《まな》ぶ生《い》き物《もの》なんだな…

モモが4歳《さい》になったころ
弟《おとうと》のモリトが産《う》まれました
今度《こんど》はパニックにならなくてよかった…
モモは興味《きょうみ》しんしんで見《み》てる
リアンもやさしい母《かあ》さんになったなぁ…
こうして安心《あんしん》していたある日《ひ》…
あ!

モモがモリトをあやしてる!
リアンからちゃんと子育《こそだ》てを学《まな》んでいるんだ…
生《い》きてゆくための必要《ひつよう》な知識《ちしき》は親《おや》から子《こ》へ伝《つた》わりそしてつぎの世代《せだい》へ
命《いのち》はこうして脈々《みゃくみゃく》と受《う》けつがれていく――

～命《いのち》を救《すく》いたい～

第《だい》15話《わ》 傷《きず》ついたイルカ

病気《びょうき》で尾《お》びれを失《うしな》ったイルカのフジ。ふたたび泳《およ》げる日《ひ》はくるのか？

沖縄県《おきなわけん》にある
美《ちゅ》ら海水族館《うみすいぞくかん》で有名《ゆうめい》な
海洋博公園《かいようはくこうえん》
プールでは
イルカたちがショーの
練習《れんしゅう》をしています
おーいフジ！
こっちだよ！
プイ
バンドウイルカの
フジはとっても頑固《がんこ》
気分《きぶん》が乗《の》らなければ
飼育員《しいくいん》の言《い》うことを
聞《き》きません
けれども
子育《こそだ》ては上手《じょうず》！
3匹《びき》の子《こ》イルカを産《う》んで
育《そだ》てたほかにも…
ほかのイルカが産《う》んだ
子《こ》どもにおっぱいを
あげるなど
やさしいきもっ玉母《たまかあ》さん
として飼育員《しいくいん》たちからも
愛《あい》されていました

そんなある日《ひ》…
キュウッ
ぱくっ
いっぱい食《た》べろよ フジ!
新人飼育員《しんじんしいくいん》 古網雅也《こあみまさや》
ザボッ
!?
ザボッザボ
どうしたんだ フジ!?
植田《うえだ》さん! フジの様子《ようす》が変《へん》です!
なにっ!?
獣医師《じゅういし》 植田啓一《うえだけいいち》
おなかがすいてるはずなのに何度《なんど》も吐《は》いて…!
よし すぐにプールの水《みず》を抜《ぬ》いて調《しら》べよう
水《みず》を抜《ぬ》くことで泳《およ》ぎを止《と》め
フジの体温《たいおん》を計《はか》ったり血液《けつえき》をとって調《しら》べるのです

尾《お》びれから採血《さいけつ》を…
ん？
…
これは…!!
尾《お》びれの両《りょう》はしが変色《へんしょく》している まさか壊死《えし》か!?
壊死《えし》とは骨《ほね》や肉《にく》がくさる症状《しょうじょう》
何《なに》が原因《げんいん》なのか… 過去《かこ》の事例《じれい》を調《しら》べてもわかりませんでした
フジ… なんでエサを食《た》べないんだ…
動《うご》きもにぶいし どうしちゃったんだよ…

できることを
やるしかない
さあ注射《ちゅうしゃ》を
打《う》つぞ
植田《うえだ》さん…
おさえてて
くれ
はい
…!
う…
すごいにおいだ
それに
こんなに
壊死《えし》が広《ひろ》がって
いる…!
薬《くすり》ではもう
ダメかもな…
ほかの獣医《じゅうい》に
聞《き》いたんだが…
この病気《びょうき》は
やっかいよ
壊死《えし》した部分《ぶぶん》を
切《き》り取《と》る
しかできない
切《き》り取《と》っても
壊死《えし》が止《と》まらなければ
やがて—…

「死《し》ぬ」そう言《い》われたよ
そんな…このままフジを死《し》なせるなんてイヤです！
ぐぐっ
決《き》めた
壊死《えし》した部分《ぶぶん》を切《き》り取《と》ろう
ええっ⁉ 壊死《えし》した部分《ぶぶん》って尾《お》びれほとんどですよ⁉
このまま感染《かんせん》が広《ひろ》がれば死《し》んでしまうんだぞ！
大丈夫《だいじょうぶ》だからなフジ…
手術《しゅじゅつ》は1時間《じかん》にもおよびました

そしてー…
すっかり小《ちい》さくなっちゃいましたね…
どうにか壊死《えし》は止《と》められたが…
フジにどう影響《えいきょう》するか…
フジの食欲《しょくよく》は戻《もど》りました
プヤー…
けれど元気《げんき》がなく水《すい》そうに浮《う》かんだまま泳《およ》ごうとしません
エサだぞフジ！
ピクッ
バタ
バタ
進《すす》んでいない…!?

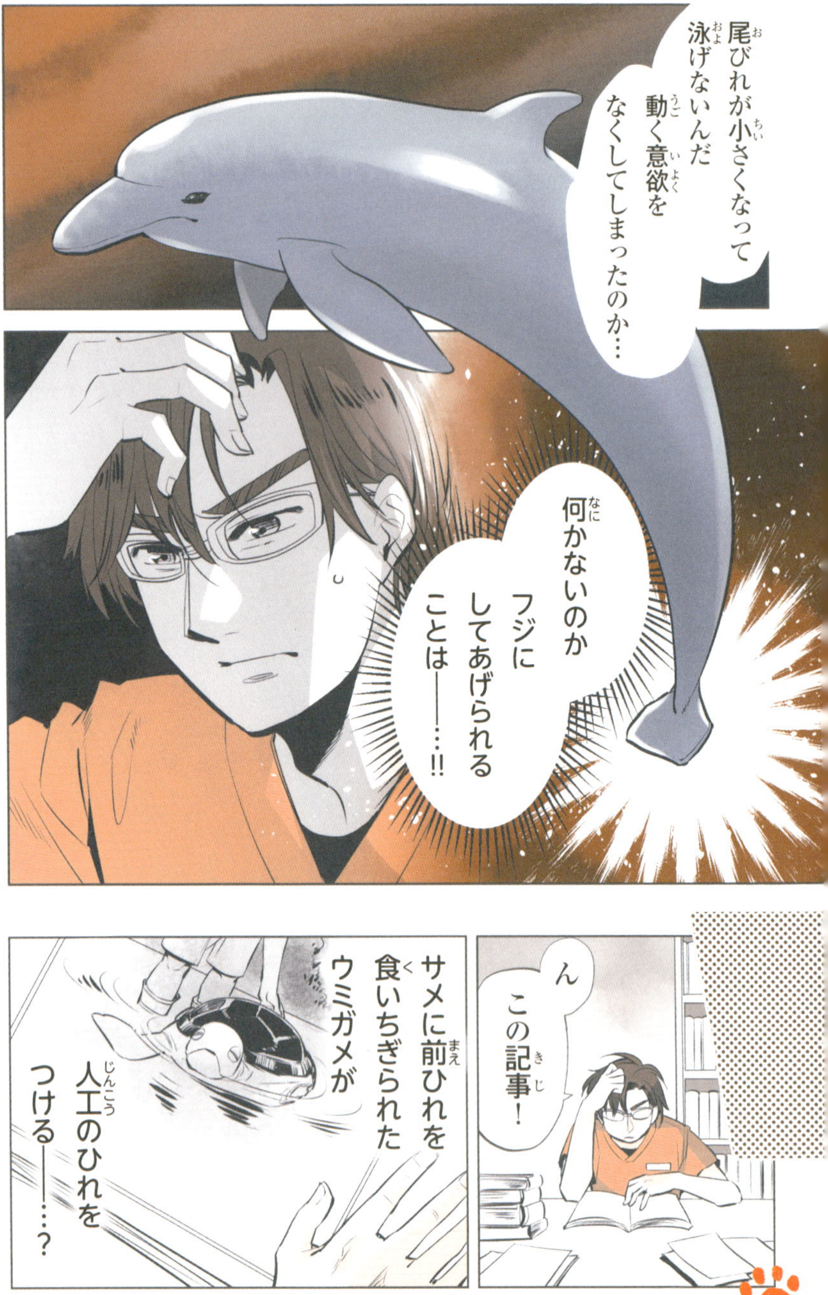
尾《お》びれが小《ちい》さくなって 泳《およ》げないんだ
動《うご》く意欲《いよく》を なくしてしまったのか…
何《なに》かないのか
フジに してあげられる ことは――……!!
ん
この記事《きじ》！
サメに前《まえ》ひれを 食《く》いちぎられた ウミガメが
人工《じんこう》のひれを つける――……？

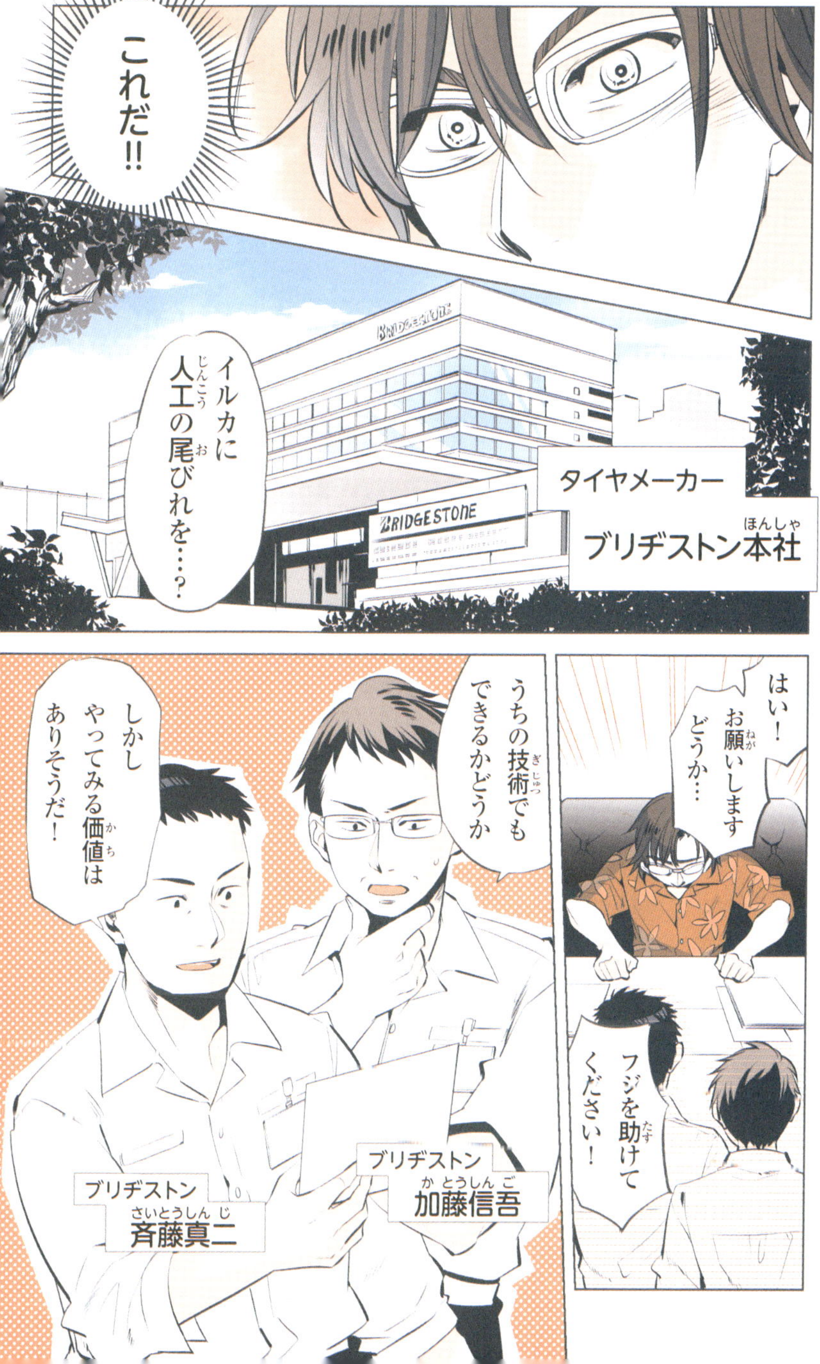
これだ!!
タイヤメーカー
ブリヂストン本社《ほんしゃ》
イルカに人工《じんこう》の尾《お》びれを…？
はい！お願《ねが》いします どうか…
フジを助《たす》けてください！
うちの技術《ぎじゅつ》でもできるかどうか
しかしやってみる価値《かち》はありそうだ！
ブリヂストン 加藤信吾《かとうしんご》
ブリヂストン 斉藤真二《さいとうしんじ》

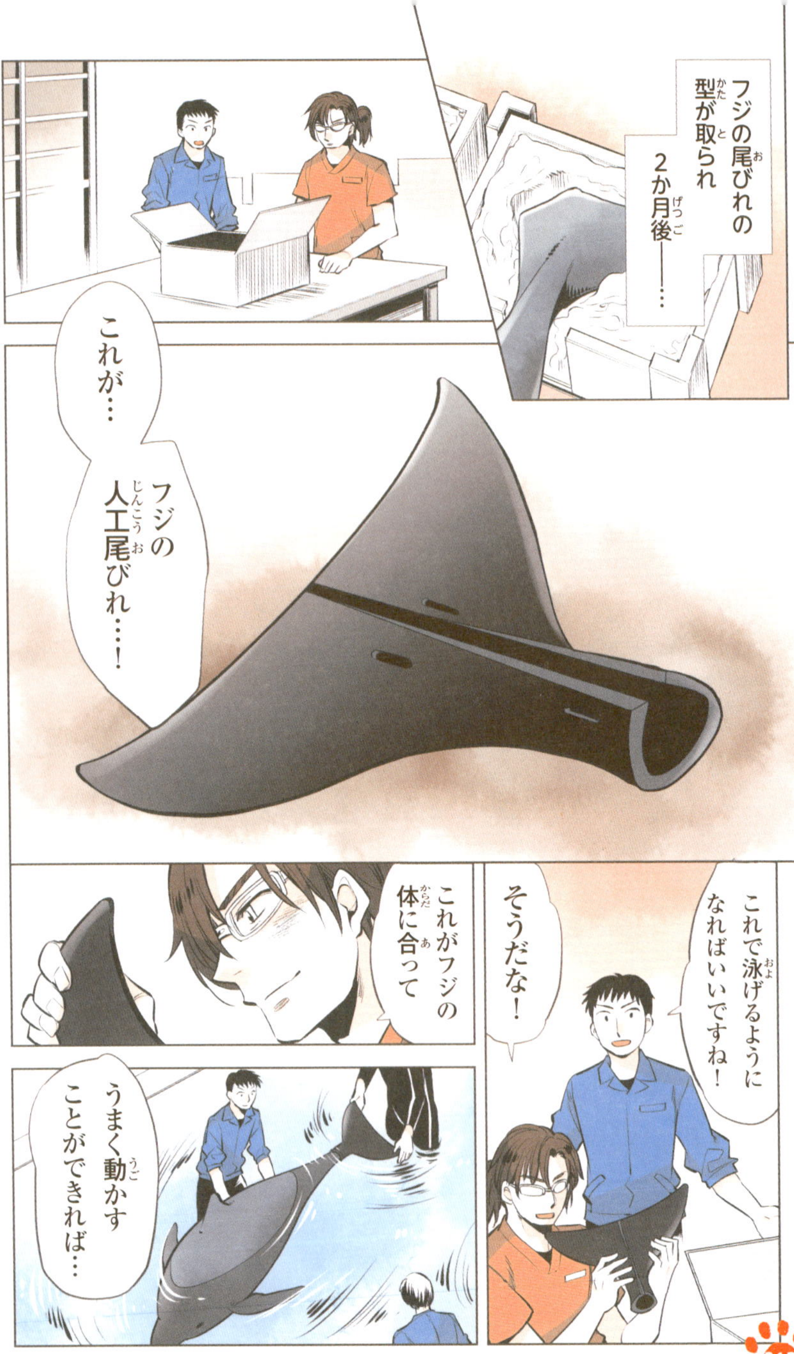
フジの尾《お》びれの型《かた》が取《と》られ
2か月後《げつご》――……
これが…
フジの人工尾《じんこうお》びれ…!
これで泳《およ》げるようになればいいですね!
そうだな!
これがフジの体《からだ》に合《あ》って
うまく動《うご》かすことができれば…

ザブン
ゆらり
ゆらり
動《うご》きがにぶいな
ダメか…
植田《うえだ》さん！
フジ!!
ザバーン

やった！フジが泳《およ》いでる‼
…だが なんだか泳《およ》ぎにくそうだ
ベルトで巻《ま》きつけているのが違和感《いわかん》あるのでしょうか？
それより内側《うちがわ》ががばがばして大《おお》きいみたいだ
型《かた》をとるときにフジがイヤがってあばれたからなぁ…
問題《もんだい》は形《かたち》か！
なかなかおとなしく型取《かたど》りはさせてくれない
別《べつ》の方法《ほうほう》で尾《お》びれを再現《さいげん》できないか…
型取《かたど》り以外《いがい》の…？
あっ！
彫刻家《ちょうこくか》だ
イルカをモチーフに作品《さくひん》を作《つく》っている彫刻家《ちょうこくか》なら…‼

彫刻家《ちょうこくか》
薬師寺一彦《やくしじかずひこ》
薬師寺《やくしじ》さんは何度《なんど》も
尾《お》びれをさわって感触《かんしょく》を確《たし》かめ
シャッ
ジャッ
指《ゆび》に残《のこ》った感触《かんしょく》を
たよりに石《せっ》こうを
削《けず》り出《だ》しているんだ
フジの尾《お》びれの
ほんの少《すこ》しの曲《ま》がりも
正確《せいかく》に
再現《さいげん》していきました
わあっ
すごい…!
フジの尾《お》びれ
そのものだ
ぼくも人工尾《じんこうお》びれ作《づく》りに
参加《さんか》させてくれないか
イルカには恩《おん》がある…
フジの役《やく》に立《た》ちたいんだ
気分《きぶん》が落《お》ち込《こ》んで
いたとき
イルカに
はげましてもらったことが
あるといいます

よし
2種類《しゅるい》の尾《お》びれを試《ため》すぞ
われわれ《ブリヂストン》はゴムの硬《かた》さを変《か》えてクロスバンドにしました
行《い》けフジ！
グン
ぐにゃっ
！
ゴムがやわらかすぎて水《みず》をけるたびにぐにゃぐにゃと曲《ま》がって…
前《まえ》に進《すす》めない！

もう少《すこ》し硬《かた》いほうがいいかもしれませんね
ベルト部分《ぶぶん》もまだ水《みず》の抵抗《ていこう》がありますね
つぎは薬師寺《やくしじ》さんのを…
わたしは強化《きょうか》プラスチックを使《つか》いシェル型《がた》にしました
ゆらっ
どうだフジ …ん？
ダプン
泳《およ》ぎやすそうだね
でも泳《およ》ぎ出《だ》すのにもたつくなぁ
スイ～～ッ
よし！このふたつを合《あ》わせて
さらに改良《かいりょう》していけば…！

2003年《ねん》6月《がつ》 新改良《しんかいりょう》のカウリング型《がた》で フジは軽《かろ》やかに泳《およ》ぎました
いいぞ！
回転《かいてん》も ツイスト《立ち泳ぎ》も 尾《お》びれを失《うしな》う 前《まえ》のままだ！
スッ
よし この大技《ジャンプ》が 決《き》まれば…
ザバッ
人工尾《じんこうお》びれが…!!
衝撃《しょうげき》で 割《わ》れた！
フジは 無事《ぶじ》か!?
尾《お》びれに 傷《きず》が…!!

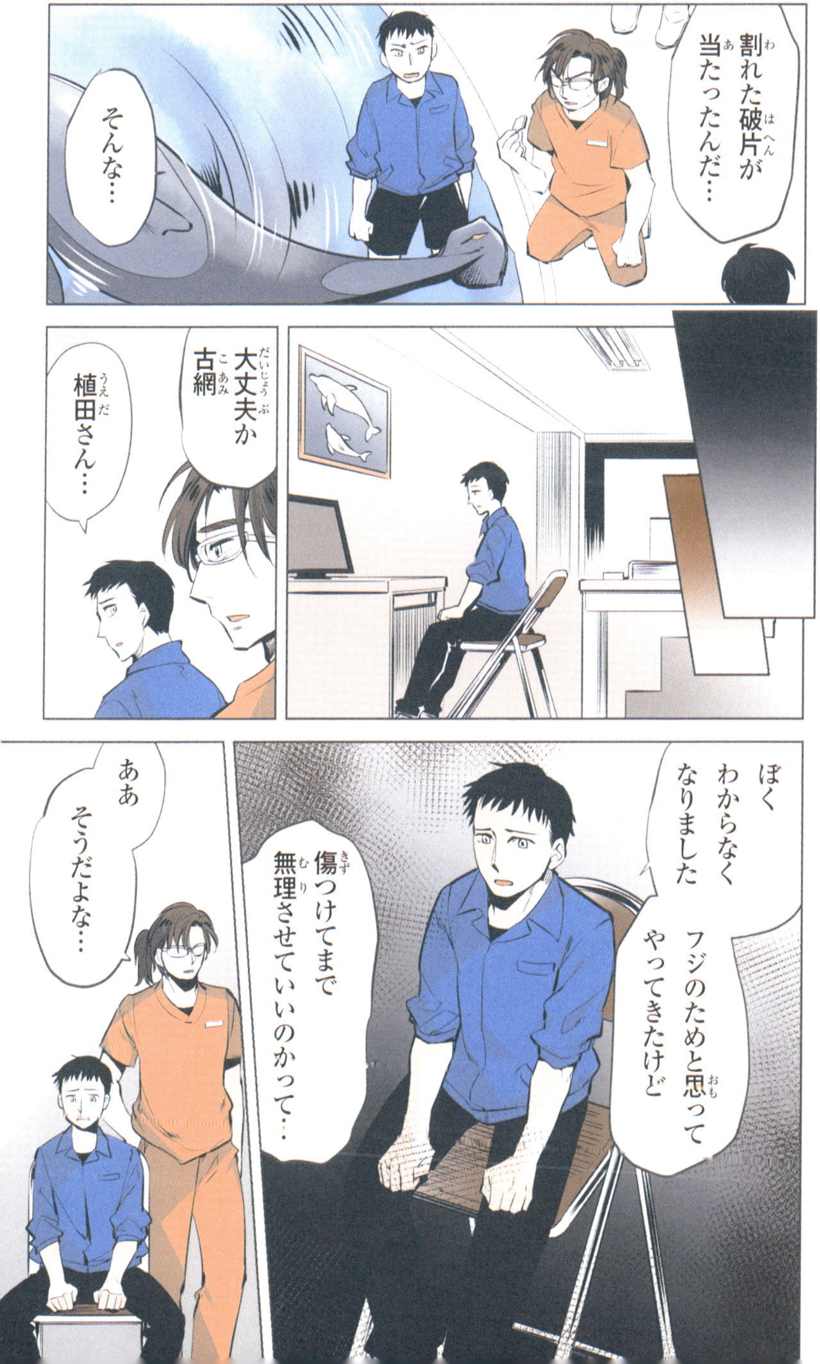
割《わ》れた破片《はへん》が当《あ》たったんだ…
そんな…
大丈夫《だいじょうぶ》か古網《こあみ》
植田《うえだ》さん…
ぼく わからなく なりました
フジのためと思《おも》って やってきたけど
傷《きず》つけてまで無理《むり》させていいのかって…
ああ そうだよな…

本当《ほんとう》にフジは無理《むり》をしていると思《おも》うかね
フジに人工尾《じんこうお》びれを見《み》せてみなさい
宮原課長《みやはらかちょう》…！
フジがイヤがらなければ続《つづ》けなさい
フジ…おまえはどうしたい？
…
ゆらり
ゆらり
フジ!?

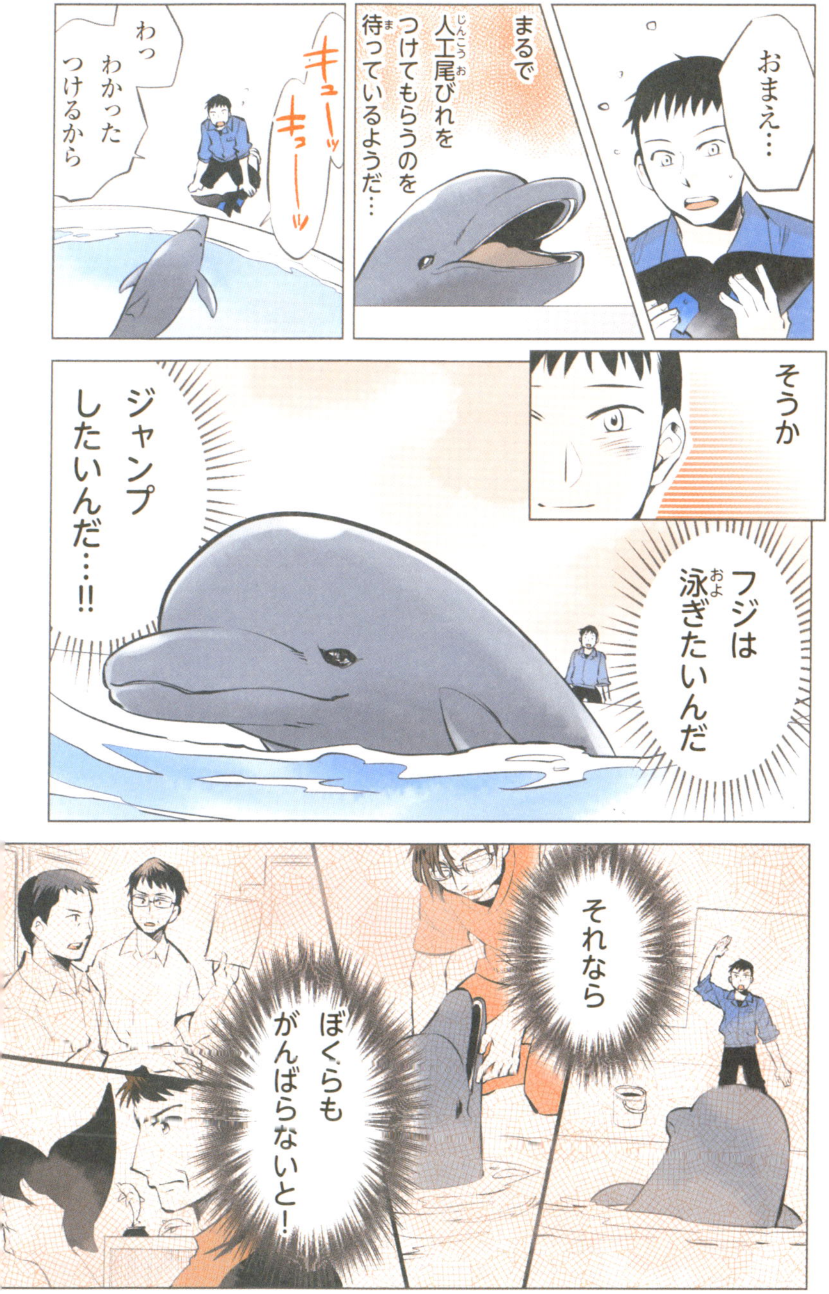
おまえ…
まるで
人工尾《じんこうお》びれを
つけてもらうのを
待《ま》っているようだ…
キュー!ッ
キュー!!ッ
わっ
わかった
つけるから
そうか
フジは
泳《およ》ぎたいんだ
ジャンプ
したいんだ…!!
それなら
ぼくらも
がんばらないと!

12月《がつ》
さらに改良《かいりょう》を重《かさ》ねた最新型《さいしんがた》の尾《お》びれが完成《かんせい》しました
さあ今回《こんかい》の改良《かいりょう》はどうだ…！
人工尾《じんこうお》びれセット完了《かんりょう》です
よし
行《い》けフジ！
ザプン
立《た》ち泳《およ》ぎツイスト
ザザザ
回転《かいてん》
クルン
そして――…
ザッ

飛《と》んだ―――っ!!
尾《お》びれに傷《きず》は…!?
ありません!!
やった―――っ!!!
こうして―…

フジはショーでも高々《たかだか》とジャンプできるようになりました
みんなの思《おも》いがフジの「泳《およ》ぎたい、飛《と》びたい」という意欲《いよく》を引《ひ》き出《だ》したのです
さぁ 飛《と》べ フジ!
わぁっ すごい!!
みんなに愛《あい》されたフジ
人工尾《じんこうお》びれの完成《かんせい》から10年後《ねんご》に
未来《みらい》のイルカのためにたくさんのデータを残《のこ》して
フジは天国《てんごく》へ旅立《たびだ》ちました

もっと知《し》りたい！

イルカのこと

じつは イルカは魚《さかな》じゃないよ！

イルカは水《みず》の中《なか》で暮《く》らしているけど、人間《にんげん》と同《おな》じ哺乳類《ほにゅうるい》。おなかの中《なか》で子《こ》どもを育《そだ》て、生《う》まれた子《こ》どもはお母《かあ》さんのおっぱいを飲《の》んで大《おお》きくなるよ。

イルカと魚《さかな》のちがい

イルカ		魚《さかな》
肺呼吸《はいこきゅう》	呼吸《こきゅう》	エラ呼吸《こきゅう》
恒温《こうおん》	体温《たいおん》	変温《へんおん》
胎児《たいじ》で生《う》まれ、母親《ははおや》が育《そだ》てる	子《こ》ども	卵《たまご》で産《う》む
大《おお》きい	脳《のう》	小《ちい》さい

おどろき！ イルカのすごい能力《のうりょく》

脳《のう》を半分《はんぶん》ずつ交互《こうご》に眠《ねむ》らせる!?

片目《かため》を閉《と》じて眠《ねむ》るのが特徴《とくちょう》。右目《みぎめ》を閉《と》じているときは左脳《さのう》を、左目《ひだりめ》を閉《と》じているときは右脳《うのう》を休《やす》ませているよ。

頭《あたま》の上《うえ》に息《いき》を吸《す》う穴《あな》がある
食《た》べ物《もの》をかみつぶすことができないのでエサは丸飲《まるの》み
尾《お》びれを上下《じょうげ》にふって進《すす》む（ドルフィンキック）

泳《およ》ぎ上手《じょうず》！

水族館《すいぞくかん》でよく見《み》るバンドウイルカの泳《およ》ぐスピードは時速《じそく》30キロくらい。車《くるま》と同《おな》じくらいの速《はや》さで泳《およ》ぐよ。潜水力《せんすいりょく》も抜群《ばつぐん》！300メートル以上《いじょう》の深《ふか》さまで5分間以上《ふんかんいじょう》も潜《もぐ》っていられるんだ。

超音波《ちょうおんぱ》でエサを探《さが》す

頭部《とうぶ》に音《おと》（超音波《ちょうおんぱ》）を出《だ》すメロンと呼《よ》ばれる場所《ばしょ》があり、自分《じぶん》で音《おと》を出《だ》して、はね返《かえ》ってくるさまざまな音《おと》を感知《かんち》し、ものの形《かたち》や位置《いち》を知《し》ることができるんだ（これをエコーロケーションという）。この能力《のうりょく》によって、真《ま》っ暗《くら》な深海《しんかい》でも岩《いわ》にぶつからずに速《はや》いスピードで泳《およ》げるし、夜《よる》の海《うみ》でもエサをとることができるよ。

イルカは幸運《こううん》のシンボル！

かしこいどうぶつといわれるイルカ。世界中で幸運《こううん》の象徴《しょうちょう》とされているよ！

第《だい》16話《わ》

ライオンの掟《おきて》
～生《い》き抜《ぬ》く力《ちから》～

危険《きけん》ととなり合《あ》わせの自然界《しぜんかい》で、ラヴィはたくましく成長《せいちょう》していく……。

どこまでも草原《そうげん》が続《つづ》く、アフリカのサバンナ。
オスのライオンのラヴィは、しげみの陰《かげ》で生《う》まれた。
メスのライオンは、ほかのどうぶつに見《み》つからないよう、群《む》れから少《すこ》しはなれたところで赤《あか》ちゃんを育《そだ》てる。
赤《あか》ちゃんは生《う》まれてすぐは、目《め》と耳《みみ》が閉《と》じていて何《なに》も見《み》ることも聞《き》くこともできないうえ、歩《ある》くこともできない。
ラヴィは、においでお母《かあ》さんのおっぱいをさぐりあて、一緒《いっしょ》に生《う》まれた2頭《とう》の赤《あか》ちゃんたちと競《きそ》うようにして、おちちを飲《の》んだ。
3日《か》ほどして、ようやく目《め》が見《み》えるようになると、お母《かあ》さんはラヴィの耳元《みみもと》で言《い》った。

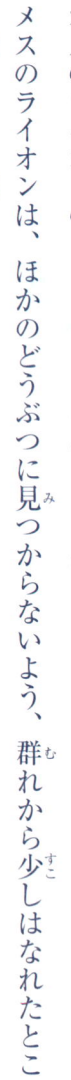

「すぐ、戻《もど》ってくるからね」

そして、いちばん小《ちい》さな赤《あか》ちゃんをくわえると、どこかへ行《い》ってしまった。

「お母《かあ》さーん」

ラヴィは心細《こころぼそ》くなり、めそめそ泣《な》きだした。

ガサッ、ガサッ……

突然《とつぜん》何《なに》かが近《ちか》づいてくる音《おと》がした。

ラヴィは、はっと、顔《かお》を上《あ》げた。

（このにおい、お母《かあ》さんじゃない！）

近《ちか》づいてきたのは、ハイエナだった。弱《よわ》い動物《どうぶつ》をねらっているのだ。

ガサッ、ガサッ、ガサッ

しげみのまわりをうろつく足音《あしおと》は複数《ふくすう》。ハイエナは数頭《すうとう》いるようだ。

ラヴィは、ふるえた。

そのとき、

「ガウ、ガオッ」

うなり声《ごえ》をあげて、お母《かあ》さんがかけてきた。

ハイエナにかみつく勢《いきお》いで牙《きば》をむき、ほえたてる。ハイエナもほえ返《かえ》したが、かなわないと思《おも》ったのか後《あと》ずさりして、あわてて逃《に》げていった。

百獣《ひゃくじゅう》の王《おう》といわれるライオンでも、いつも安全《あんぜん》にいられるわけではない。とくに赤《あか》ちゃんのときは、ハイエナなどほかの肉食獣《にくしょくじゅう》にねらわれるため、お母《かあ》さんライオンは数日《すうじつ》ごとに、赤《あか》ちゃんのかくし場所《ばしょ》を変《か》えなければならない。そのため、先《さき》にいちばん小《ち》さな赤《あか》ちゃんをくわえて新《あたら》しいかくれがに運《はこ》んでいたところだった。

「お母《かあ》さーん!」

ふるえるラヴィたちの顔《かお》をお母《かあ》さんはやさしくなめた。

「もう大丈夫《だいじょうぶ》よ」

お母《かあ》さんは、ラヴィたちを順番《じゅんばん》に岩《いわ》の陰《かげ》に運《はこ》んだ。

生《う》まれて6週間《しゅうかん》が経《た》ち、ラヴィたちが歩《ある》けるようになると、お母《かあ》さんはラヴィたちを連《つ》れて、群《む》れに戻《もど》った。

ライオンは、群《む》れで暮《く》らすどうぶつだ。お父《とう》さん、お母《かあ》さん、おじさん、おばさん、お兄《にい》さん、お姉《ねえ》さんなどみんな一緒《いっしょ》に暮《く》らしている。

ラヴィは初《はじ》めて、お父《とう》さんと会《あ》った。ふさふさしたたてがみに、するどい目《め》。

（こわそうだな）

と思《おも》ったが、お父《とう》さんはラヴィに顔《かお》を寄《よ》せると、においをかいで、頭《あたま》をなめた。

（ふふ、くすぐったい）

たったこれだけのことで、ラヴィはお父《とう》さんが大好《だいす》きになった。

4頭《とう》のいとことも初《はじ》めて会《あ》ったが、すぐに打《う》ちとけ、追《お》いかけっこをしたり、取《と》っ組《く》み合《あ》いをしたりして遊《あそ》ぶようになった。

お父《とう》さんは子《こ》どもたちをあやすため、寝《ね》ながらパタパタと、しっぽをふった。

ラヴィたちはそのしっぽをつかまえようと、お父《とう》さんのまわりにじゃれついた。

こんな遊《あそ》びも、将来《しょうらい》獲物《えもの》をつかまえる練習《れんしゅう》になる。ラヴィたちは遊《あそ》びながら、生《い》きる術《すべ》を学《まな》んでいった。

ライオンの群《む》れでは、役割《やくわり》がはっきり決《き》まっている。メスは狩《か》りをして、家族《かぞく》を養《やしな》う。オスは群《む》れを守《まも》るため、縄張《なわば》りをパトロールして、よそ者《もの》が来《く》ると戦《たたか》って追《お》い払《はら》う。

ラヴィたちは生後《せいご》3か月《げつ》ぐらいから、少《すこ》しずつ獲物《えもの》の肉《にく》を食《た》べるようになり、6か月《げつ》ごろにはおちちをまったく飲《の》まなくなり、肉《にく》だけを食《た》べるようになった。

そうして1年《ねん》が経《た》ったころ、ラヴィたちもお母《かあ》さんたちの狩《か》りについて行《い》くことになった。お母《かあ》さんたちは草《くさ》の間《あいだ》から、そろそろとシマウマの群《む》れに近《ちか》づいた。

シマウマは草《くさ》を食《た》べながら、あたりをうかがっている。1頭《とう》がお母《かあ》さんたちに気《き》がついた。

シマウマの群《む》れがドオーッと、駆《か》け出《だ》した。お母《かあ》さんたちが後《あと》を追《お》う。シマウマもライオンも、同《おな》じく時速《じそく》60キロぐらいのスピードで走《はし》るが、シマウマのほうがライオンより持久力《じきゅうりょく》がある。逃走時間《とうそうじかん》が長《なが》くなると、ライオンはついていけなくなる。

「お母《かあ》さん、がんばれっ！」
ラヴィたちははなれたところで、お母《かあ》さんたちの狩《か》りを見守《みまも》った。
けれども、とうとうシマウマに追《お》いつけず、お母《かあ》さんたちはゆっくりラヴィたちのもとに帰《かえ》ってきた。
翌日《よくじつ》も、その翌日《よくじつ》も、ラヴィたちの群《む》れは獲物《えもの》をとらえることができなかった。
ライオンの狩《か》りは、失敗《しっぱい》するほうが多《おお》い。狩《か》りに失敗《しっぱい》して何《なに》も食《た》べられない日《ひ》が続《つづ》けば、体力《たいりょく》が落《お》ちて、ますますうまくいかなくなる。
ライオンがねらうのは、幼《おさな》くて弱《よわ》いか、病気《びょうき》などで弱《よわ》っているどうぶつだ。
数日《すうじつ》して、ラヴィのお母《かあ》さんたちは、ふたたび狩《か》りに挑《いど》んだ。
ラヴィのお母《かあ》さんがおとりになって、バッファローの群《む》れに近《ちか》づき、追《お》い払《はら》いにやってきた大人《おとな》のバッファローたちをひきつけた。
その間《あいだ》に、仲間《なかま》のメスのライオンたちがそれぞれちがう方向《ほうこう》から、バッファローを追《お》いかけはじめた。バッファローたちはちりぢりに逃《に》げだし、群《む》れがくずれる。

メスのライオンたちは、逃《に》げおくれたバッファローにねらいをさだめ、追《お》いかけた。1頭《とう》のメスが、バッファローの背中《せなか》におおいかぶさる。もう1頭《とう》のメスがおなかに体当《たいあ》たりして、バッファローを倒《たお》す。またほかの1頭《とう》が、バッファローの首《くび》にかみついた。ところが、

グサッ！

バッファローが力《ちから》をふりしぼって頭《あたま》を振《ふ》り上《あ》げ、太《ふと》いツノでライオンの首《くび》を突《つ》き刺《さ》した。突《つ》き刺《さ》されたライオンが、がくっとくずれおちる。

それでも、お母《かあ》さんたちは攻撃《こうげき》をゆるめない。子《こ》どもたちもお母《かあ》さんたちに加勢《かせい》し、つぎつぎにバッファローにかみついた。

やがて、バッファローが動《うご》かなくなり、戦《たたか》いは終《お》わった。
お母《かあ》さんと子《こ》どもたちがバッファローを食《た》べ始《はじ》めて少《すこ》しすると、お父《とう》さんがのっしのっしと、やってきた。お母《かあ》さんたちをどかして、バッファローにかぶりつく。
群《む》れの主《ぬし》であるオスが満腹《まんぷく》になってから家族《かぞく》が食《た》べるのも、ライオンの群《む》れの掟《おきて》だ。
お父《とう》さんが食《た》べ終《お》えたあと、ラヴィたちも久《ひさ》しぶりにおなかいっぱい、食事《しょくじ》をした。
しかし、バッファローに首《くび》を突《つ》かれたメスは、ほとんど食《た》べなかった。
ラヴィのお母《かあ》さんが、メスの傷口《きずぐち》をなめて手《て》あてをしたが、いっこうによくならない。
メスはふせて苦《くる》しそうに顔《かお》をゆがめていたが、やがてごろんと頭《あたま》を横《よこ》たえ、その夜《よる》死《し》んだ。

たてがみがのびてきた3歳《さい》のとき、ラヴィたちオスのライオンは、巣立《すだ》ちを迎《むか》えた。
お父《とう》さんに、群《む》れを追《お》い出《だ》されたのだ。
メスは大人《おとな》になっても群《む》れに残《のこ》って生《い》きていくが、オスは群《む》れを出《で》て力《ちから》をつけ、ほかの群《む》れのオスに戦《たたか》いを挑《いど》んで主《ぬし》の座《ざ》を勝《か》ちとらなければ、一人前《いちにんまえ》にはなれない。

群《む》れを追《お》い出《だ》されたばかりのオスは、まだ弱《よわ》い。若《わか》いオスのなかには、獲物《えもの》をとることもできないまま、死《し》んでしまうものもいる。

ラヴィは小《ちい》さなどうぶつをつかまえたり、シマウマの狩《か》りに挑戦《ちょうせん》して失敗《しっぱい》したりしながら、狩《か》りの技術《ぎじゅつ》を磨《みが》いていった。

また、ほかの群《む》れの縄張《なわば》りに入《はい》ったとき、オスに追《お》い出《だ》されたこともあったが、負《ま》けた経験《けいけん》からも多《おお》くのことを学《まな》び、力《ちから》をつけていった。

そうして、たてがみもすっかり生《は》えそろった4歳《さい》のとき、ラヴィはあるメスのライオンに出会《であ》った。おなかをすかせたラヴィに、食《た》べ残《のこ》した獲物《えもの》をゆずってくれたのだ。

ラヴィが肉《にく》を食《た》べていると、その群《む》れの主《ぬし》が現《あらわ》れた。牙《きば》をむいて、ラヴィに突進《とっしん》してくる。ラヴィも、牙《きば》をむいて主《ぬし》に向《む》かった。

「グガオオ」

「ガルルル」

主《ぬし》の前足《まえあし》がのびて、ラヴィの目元《めもと》をかする。
とっさにラヴィが目《め》をつむると、横腹《よこばら》にかみつかれ、押《お》し倒《たお》された。
主《ぬし》がさらにおそいかかろうとした瞬間《しゅんかん》、ラヴィは主《ぬし》の首《くび》もとにかみついた。

「ガウッ」

主《ぬし》は飛《と》び退《の》くと、そのままふりかえることなく、逃《に》げ出《だ》した。
決着《けっちゃく》はついた。
ラヴィはそろそろと、メスのライオンに近《ちか》づいた。後《うし》ろで、ほかのメスたちも見守《みまも》っている。
これからは、ラヴィがこの群《む》れの主《ぬし》となり、守《まも》っていくのだ。

第《だい》17話《わ》

〜命《いのち》の誕生《たんじょう》〜

わが子《こ》のために

過酷《かこく》な自然《しぜん》のなかで、体《からだ》を張《は》ってヒナを育《そだ》てるペンギン夫婦《ふうふ》の物語《ものがたり》。

3月《がつ》
氷《こおり》に囲《かこ》まれた南極《なんきょく》では厳《きび》しい冬《ふゆ》が始《はじ》まります
コウテイペンギンたちは海《うみ》からはなれ氷《こおり》の上《うえ》を進《すす》みます

南極《なんきょく》ってどんなところ?

- 氷《こおり》の大陸《たいりく》と呼《よ》ばれる地球《ちきゅう》のいちばん寒《さむ》いところ
- 南極《なんきょく》の夏期《かき》は10 〜2月《がつ》
  冬期《とうき》は3〜9月《がつ》
- 夏《なつ》は一日中太陽《いちにちじゅうたいよう》が出《で》ている白夜《びゃくや》、冬《ふゆ》は一日中太陽《いちにちじゅうたいよう》がしずんでいる極夜《きょくや》という現象《げんしょう》がおこる

めざしているのは50〜120キロはなれている
大《おお》きな氷山《ひょうざん》などに囲《かこ》まれた強《つよ》い風《かぜ》の届《とど》かない平《たい》らな場所《ばしょ》
そこでコウテイペンギンの命《いのち》がけの子育《こそだ》てが始《はじ》まるのです

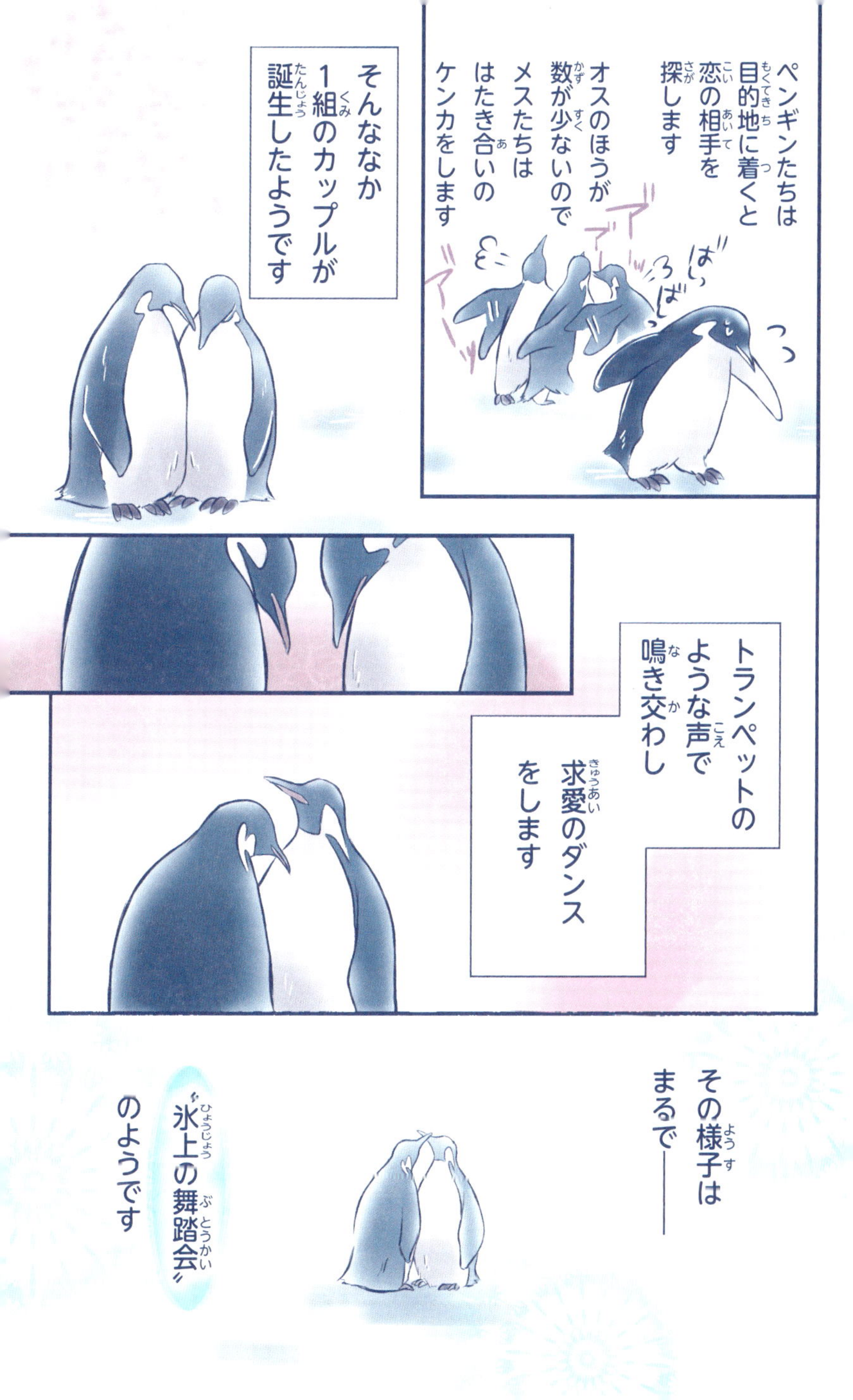
ペンギンたちは
目的地《もくてきち》に着《つ》くと
恋《こい》の相手《あいて》を
探《さが》します
オスのほうが
数《かず》が少《すく》ないので
メスたちは
はたき合《あ》いの
ケンカをします
そんななか
1組《くみ》のカップルが
誕生《たんじょう》したようです
トランペットの
ような声《こえ》で
鳴《な》き交《か》わし
求愛《きゅうあい》のダンス
をします
その様子《ようす》は
まるで――
〝氷上《ひょうじょう》の舞踏会《ぶとうかい》〟
のようです

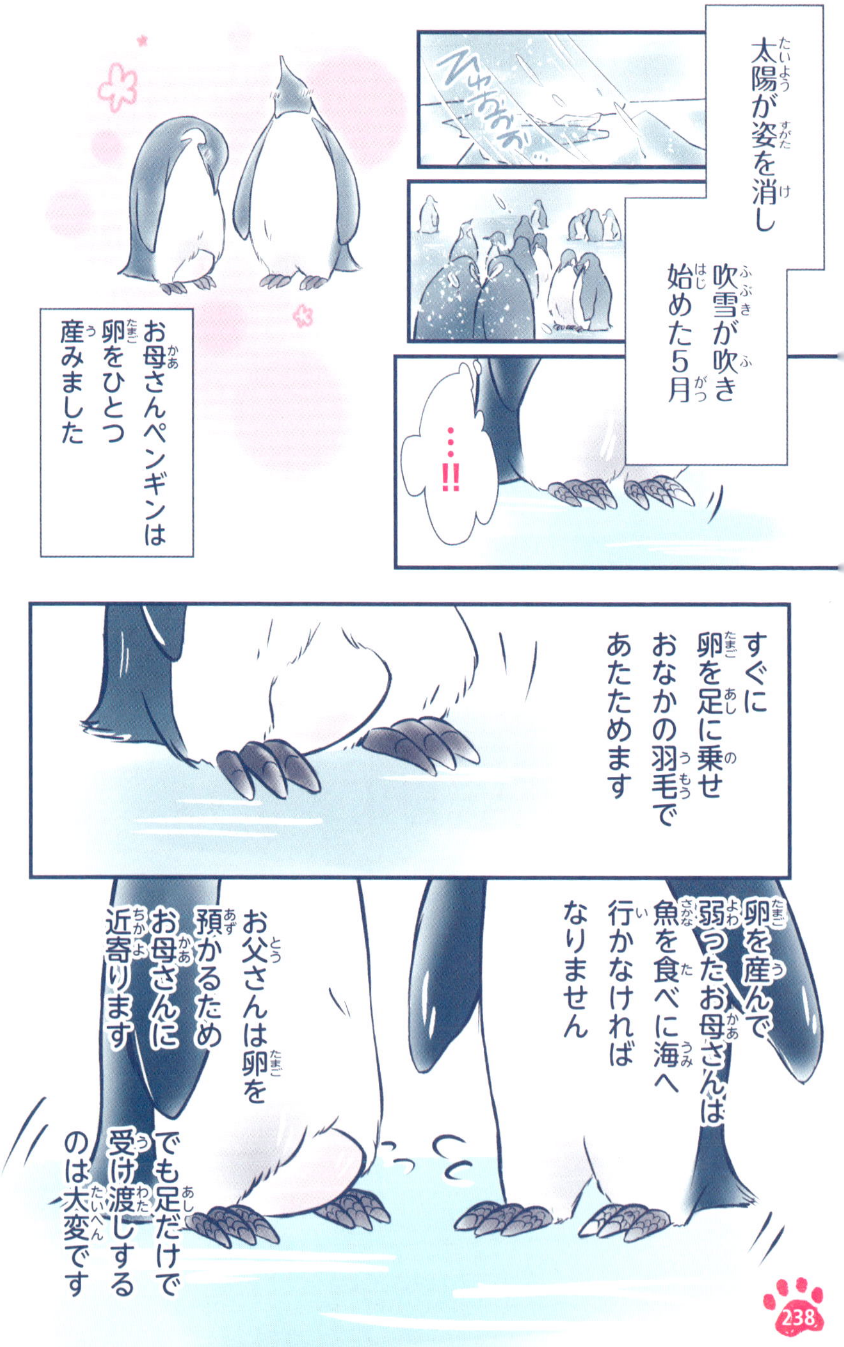

太陽《たいよう》が姿《すがた》を消《け》し
吹雪《ふぶき》が吹《ふ》き始《はじ》めた5月《がつ》
ひゅおおお
…!!
お母《かあ》さんペンギンは卵《たまご》をひとつ産《う》みました
すぐに卵《たまご》を足《あし》に乗《の》せおなかの羽毛《うもう》であたためます
卵《たまご》を産《う》んで弱《よわ》ったお母《かあ》さんは魚《さかな》を食《た》べに海《うみ》へ行《い》かなければなりません
お父《とう》さんは卵《たまご》を預《あず》かるためお母《かあ》さんに近寄《ちかよ》ります
でも足《あし》だけで受《う》け渡《わた》しするのは大変《たいへん》です

お母《かあ》さんと
お父《とう》さんは
タイミングを
合《あ》わせるため
近寄《ちか よ》ったり
はなれたりを
くり返《かえ》します
わたっ
せっせっ
コロッ
せっせっ
そして
なんとか無事《ぶじ》に
お父《とう》さんの足《あし》に
卵《たまご》を乗《の》せる
ことができました
ほっ
ここは
マイナス60度《ど》
にもなる南極《なんきょく》
数秒《すうびょう》以上《いじょう》
冷《つめ》たい空気《くうき》にふれたら
卵《たまご》はたちまち
凍《こお》ってしまいます
まわりには
受《う》け渡《わた》しに失敗《しっぱい》して
凍《こお》ってしまった卵《たまご》や
割《わ》れてしまった卵《たまご》が
転《ころ》がっています
どれももう
誕生《たんじょう》しない命《いのち》です

お父《とう》さんに卵《たまご》を預《あず》けたお母《かあ》さんたちは列《れつ》をなして海《うみ》をめざします
お母《かあ》さんがいない間《あいだ》お父《とう》さんは足《あし》に卵《たまご》を乗《の》せてじっとあたためます
卵《たまご》をあたためる期間《きかん》は62～67日間《にちかん》
ブリザードと呼《よ》ばれる強《つよ》い吹雪《ふぶき》がおそってても体《からだ》を寄《よ》せ合《あ》いひたすらたえます
ひゅおおおおお…
海《うみ》からはなれて4か月《げつ》もの間《あいだ》お父《とう》さんたちは何《なに》も食《た》べずにあたため続《つづ》けるのです
真《ま》ん中《なか》に行《い》ってあたたまりたいな
なかには力《ちから》つきてたおれてしまうお父《とう》さんもいます
その瞬間《しゅんかん》卵《たまご》とお父《とう》さん2つの命《いのち》が失《うしな》われるのです

ばしゃ
——そのころ
ばしゃっ
どすっ
海《うみ》でたっぷり
魚《さかな》を食《た》べた
お母《かあ》さんたちは
家族《かぞく》が待《ま》つ地《ち》へ
向《む》かいます
しかし
ばりっ
氷《こおり》の割《わ》れ目《め》から
アザラシが現《あらわ》れ
前《まえ》を歩《ある》く
お母《かあ》さんペンギンが
おそわれました
どすっ
とぷーん
海《うみ》の中《なか》へ
引《ひ》きずり込《こ》まれたのを見《み》て
体《からだ》が震《ふる》えます
氷《こおり》の割《わ》れ目《め》をこえるのが
こわくてしかたありません
恐怖心《きょうふしん》をおさえて
お母《かあ》さんは自分《じぶん》を
ふるいたたせます
何《なに》があっても
戻《もど》るわ
家族《かぞく》が待《ま》って
いるのだから

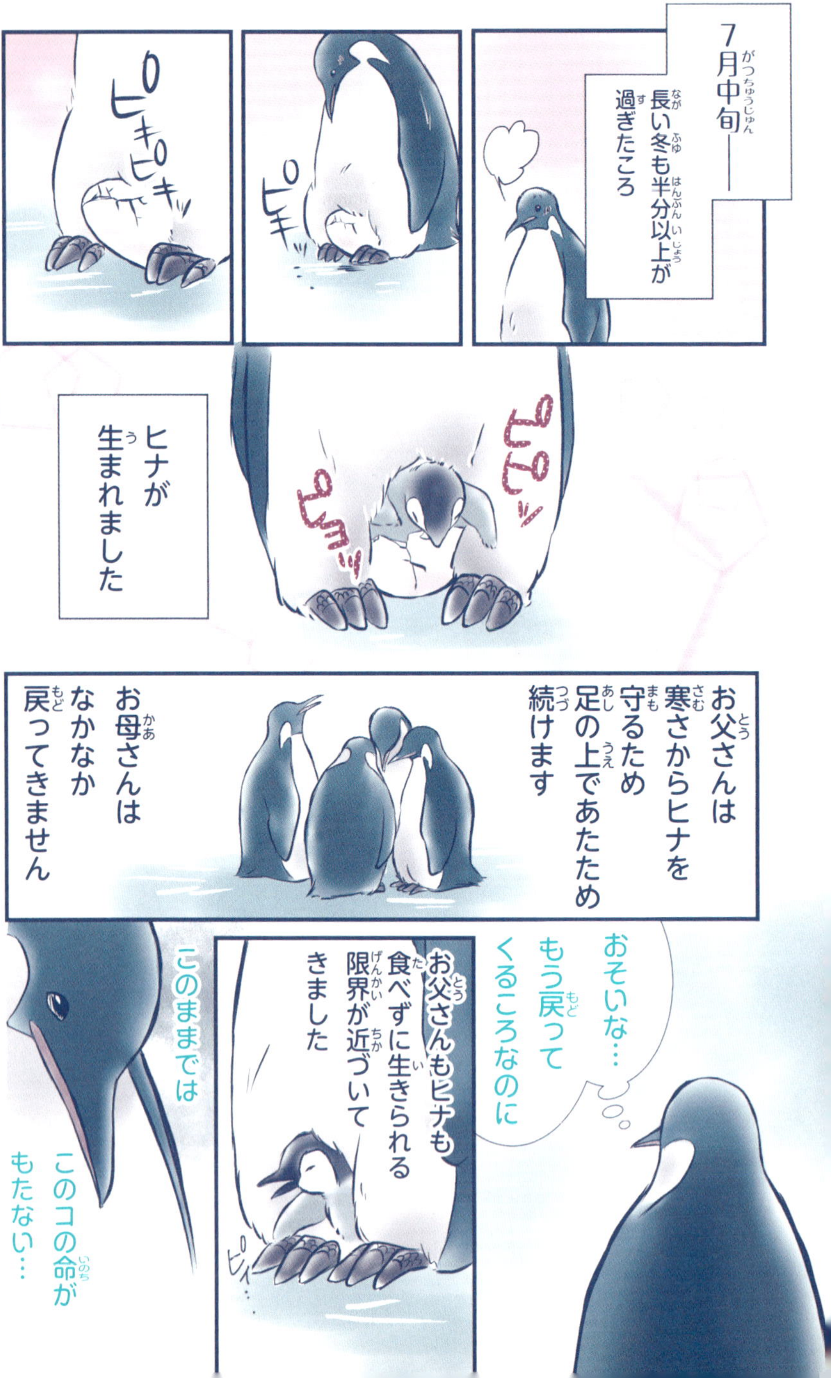
7月中旬《がつちゅうじゅん》――
長《なが》い冬《ふゆ》も半分《はんぶん》以上《いじょう》が過《す》ぎたころ
ピキッ
ピキピキッ
ピピッ
ピヨッ
ヒナが生《う》まれました
お父《とう》さんは寒《さむ》さからヒナを守《まも》るため足《あし》の上《うえ》であたため続《つづ》けます
お母《かあ》さんはなかなか戻《もど》ってきません
おそいな…もう戻《もど》ってくるころなのに
お父《とう》さんも食《た》べずに生《い》きられる限界《げんかい》が近《ちか》づいてきました
ピィ…
このままでは
このコの命《いのち》がもたない…

お父《とう》さんは自分《じぶん》の身《み》を削《けず》り
胃《い》からペンギンミルクと呼《よ》ばれる
液体《えきたい》をしぼり出《だ》して
ヒナに口移《くちうつ》しで
与《あた》えました
そのとき
暗闇《くらやみ》に
閉《と》ざされていた
氷《こおり》の地《ち》に
かすかな光《ひかり》が
差《さ》し始《はじ》めました
ピカッ
氷山《ひょうざん》の向《む》こうから
お母《かあ》さんたちの
行列《ぎょうれつ》が近《ちか》づいて
くるのが見《み》えます
戻《もど》ってきた!!!
お父《とう》さんたちは
お母《かあ》さんたちに
自分《じぶん》の居場所《いばしょ》を
鳴《な》いて教《おし》えます
お母《かあ》さんは
鳴《な》き声《ごえ》を聞《き》きわけて
お父《とう》さんのもとに
やってきました
ただいま
おかえり
ほら無事《ぶじ》に
生《う》まれたよ
ああ
かわいい
赤《あか》ちゃん
お母《かあ》さんの
ほうへおいで

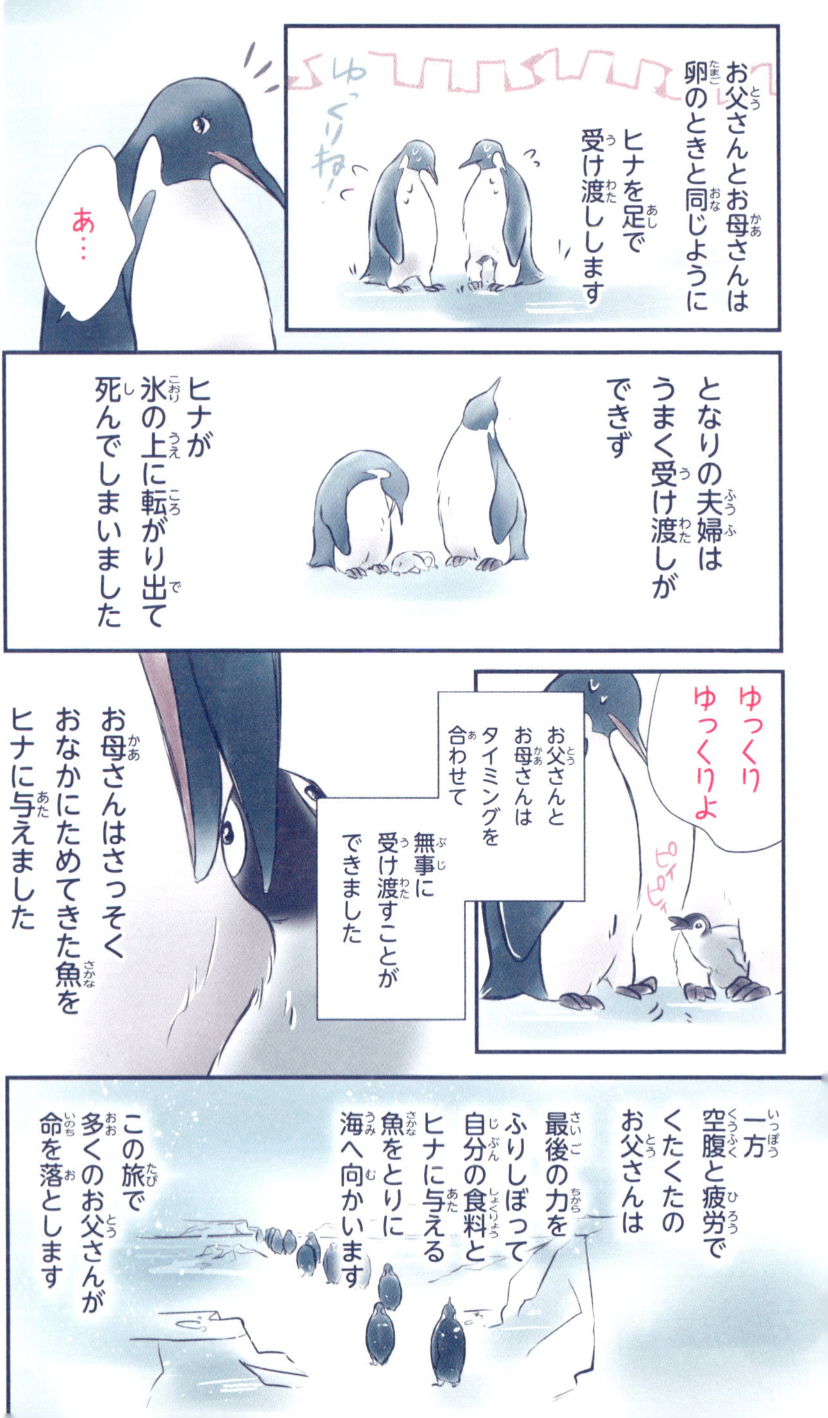

お父《とう》さんとお母《かあ》さんは
卵《たまご》のときと同《おな》じように
ヒナを足《あし》で
受《う》け渡《わた》しします
ゆっくりね!
あ…
となりの夫婦《ふうふ》は
うまく受《う》け渡《わた》しが
できず
ヒナが
氷《こおり》の上《うえ》に転《ころ》がり出《で》て
死《し》んでしまいました
ゆっくり
ゆっくりよ
ピィピィ
お父《とう》さんと
お母《かあ》さんは
タイミングを
合《あ》わせて
無事《ぶじ》に
受《う》け渡《わた》すことが
できました
お母《かあ》さんはさっそく
おなかにためてきた魚《さかな》を
ヒナに与《あた》えました
一方《いっぽう》
空腹《くうふく》と疲労《ひろう》で
くたくたの
お父《とう》さんは
最後《さいご》の力《ちから》を
ふりしぼって
自分《じぶん》の食料《しょくりょう》と
ヒナに与《あた》える
魚《さかな》をとりに
海《うみ》へ向《む》かいます
この旅《たび》で
多《おお》くのお父《とう》さんが
命《いのち》を落《お》とします

ピ…
1か月《げつ》が過《す》ぎたころ―
ヒナはお母《かあ》さんの足《あし》もとをはなれるようになります
つめたい!っ
なに食《た》べてるの?
ゆき。
ペコリ
親《おや》がいるところから少《すこ》しはなれたそのとき
!!
大《おお》きなくちばしの鳥《とり》が
ヒナをねらって飛《と》んできました

ヒナは必死《ひっし》に逃《に》げます
「もうダメだ」そう思《おも》った瞬間《しゅんかん》
ア゛ーッ
お母《かあ》さんがヒナの前《まえ》に出《で》て威嚇《いかく》し追《お》い返《かえ》しました
無事《ぶじ》でよかったわ…
あらあらおしりが出《で》てるわよ

誕生《たんじょう》から3か月《げつ》
大《おお》きくなった子《こ》は
両親《りょうしん》のもとをはなれ
子《こ》どもたちで集《あつ》まって
過《す》ごすようになります
両親《りょうしん》が交代《こうたい》で
ヒナを足《あし》の上《うえ》で
育《そだ》てるのは
45～50日間《にちかん》
そのあとは
数頭《すうとう》の大人《おとな》が
見守《みまも》るなかで
子《こ》どもたちの集団生活《しゅうだんせいかつ》に
なるのです
南極《なんきょく》は夏《なつ》に
なりました――
ぽた…
ぽた
マイナスを少《すこ》し
下回《したまわ》るぐらいの
気温《きおん》になり
氷《こおり》を食《た》べたり
腹《はら》ばいになって
すずむコも
います
あっ――…

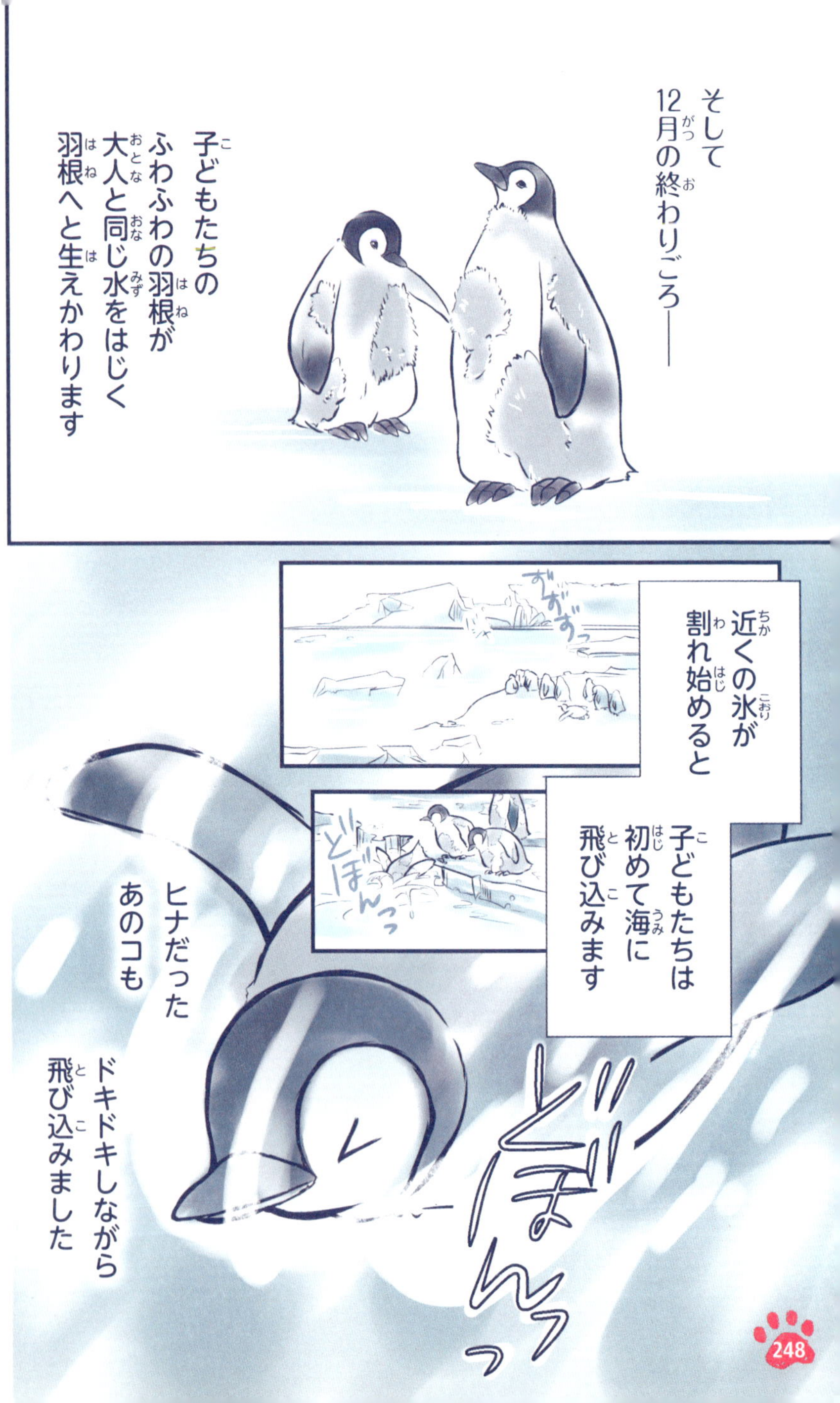
そして
12月《がつ》の終《お》わりごろ――
子《こ》どもたちの
ふわふわの羽根《はね》が
大人《おとな》と同《おな》じ水《みず》をはじく
羽根《はね》へと生《は》えかわります
ずずずっ
近《ちか》くの氷《こおり》が
割《わ》れ始《はじ》めると
どぼんっ
子《こ》どもたちは
初《はじ》めて海《うみ》に
飛《と》び込《こ》みます
ヒナだった
あのコも
どぼんっ
ドキドキしながら
飛《と》び込《こ》みました

初《はじ》めのうちは
翼《つばさ》をばたつかせて
いましたが

しだいに慣《な》れて
スイーッと
泳《およ》げるように
なりました

コウテイペンギンが
あえて過酷《かこく》な冬《ふゆ》に子育《こそだ》てをするのは
子《こ》どもたちが食《た》べ物《もの》が豊《ゆた》かな夏《なつ》の海《うみ》に
巣立《すだ》てるようにするためなのです

親《おや》の愛《あい》をたっぷりもらい
これからは自分《じぶん》の力《ちから》で強《つよ》く生《い》きていくのです

第《だい》18〜25話《わ》

どうぶつびっくり子育《こそだ》て

ビーバー

生息地《せいそくち》：北《きた》アメリカ大陸《たいりく》の森林地帯《しんりんちたい》
大《おお》きさ：体長《たいちょう》70〜90cm　**重《おも》さ**：11〜30kg
1回《かい》に産《う》む子《こ》の数《かず》：1〜6子《し》
寿命《じゅみょう》：野生《やせい》で10〜20年《ねん》

巣作《すづく》りの技術《ぎじゅつ》を教《おし》える

コアラ

生息地《せいそくち》：オーストラリア東部《とうぶ》の森林地帯《しんりんちたい》
大《おお》きさ：体長《たいちょう》60〜85cm　**重《おも》さ**：5〜12kg
1回《かい》に産《う》む子《こ》の数《かず》：1子《し》
寿命《じゅみょう》：野生《やせい》で10〜13年《ねん》

うんちが離乳食《りにゅうしょく》！

自然界《しぜんかい》には変《か》わった子育《こそだ》てをするどうぶつたちがいます。その背景《はいけい》には厳《きび》しい自然《しぜん》を生《い》き抜《ぬ》くためのたくみな戦略《せんりゃく》と能力《のうりょく》がかくされているよ。びっくり個性的《こせいてき》な子育《こそだ》て方法《ほうほう》をみていこう！

スローロリス

生息地《せいそくち》：東南《とうなん》アジアからインド東部《とうぶ》にかけての熱帯林《ねったいりん》　**大《おお》きさ**：体長《たいちょう》26～38cm
重《おも》さ：600～700g　**1回《かい》に産《う》む子《こ》の数《かず》**：1子《し》
寿命《じゅみょう》：野生《やせい》で約《やく》10年《ねん》

赤《あか》ちゃんに毒《どく》をぬる!?

アホウドリ

生息地《せいそくち》：北太平洋《きたたいへいよう》（伊豆諸島《いずしょとう》の鳥島《とりしま》と尖閣諸島《せんかくしょとう》で繁殖《はんしょく》）　**大《おお》きさ**：全長約《ぜんちょうやく》90cm（広《ひろ》げた翼《つばさ》：約《やく》2.5m）　**重《おも》さ**：4～5kg
1回《かい》に産《う》む子《こ》の数《かず》：1卵《らん》　**寿命《じゅみょう》**：約《やく》30年《ねん》

ヒナを置《お》いて子《こ》ばなれ

どうぶつの世界《せかい》は知《し》れば知《し》るほどふしぎがいっぱい！
おどろきの子育《こそだ》てをするどうぶつたちはまだまだいるよ！

ゴマフアザラシ

生息地《せいそくち》：オホーツク海《かい》などの北《きた》の海《うみ》
大《おお》きさ：体長《たいちょう》1.5〜2m
体重《たいじゅう》：70〜130kg　**1回《かい》に産《う》む子《こ》の数《かず》**：1子《し》
寿命《じゅみょう》：野生《やせい》で20〜25年《ねん》

短期間《たんきかん》で急成長《きゅうせいちょう》！

ママ〜
おっぱい!!
ごくごく
はいはい
1週間後《しゅうかんご》
ごくごく
20kg
2週間後《しゅうかんご》
ごくごく
30kg
3週間後《しゅうかんご》
子育《こそだ》てはおしまいよ
元気《げんき》でね
えっ
そんな！
40kg
あっという間《ま》に大《おお》きくなって子育《こそだ》て完了《かんりょう》

カンガルー

生息地《せいそくち》：オーストラリア内陸部《ないりくぶ》の平原《へいげん》など
大《おお》きさ：体長《たいちょう》100〜140cm
体重《たいじゅう》：30〜60kg　**1回《かい》に産《う》む子《こ》の数《かず》**：1子《し》
寿命《じゅみょう》：野生《やせい》で12〜18年《ねん》

子育《こそだ》ては袋《ふくろ》の中《なか》で！

妊娠期間《にんしんきかん》はおよそ1か月《げつ》
2cm
生《う》まれたばかりのカンガルーの赤《あか》ちゃんはこんなに小《ちい》さいよ
よいしょ
よいしょ
育児《いくじ》のう
ここから生まれる
生《う》まれたら自分《じぶん》の力《ちから》でお母《かあ》さんのおなかにある袋《ふくろ》（育児《いくじ》のう）を目指《めざ》す
着《つ》いた！
これで安心《あんしん》…
ごく
ごく
約《やく》6か月《げつ》この袋《ふくろ》の中《なか》でお母《かあ》さんのおっぱいを飲《の》んで暮《く》らすよ
8〜9か月《げつ》でカンガルーの形《かたち》になり育児《いくじ》のうから出《で》たり入ったりする
10か月《げつ》を過《す》ぎると草《くさ》を食《た》べるようになりふたたび袋《ふくろ》へ戻《もど》ることはない
もぐ
もぐ

ずるがしこいかしら!?

カッコウ

生息地《せいそくち》：全国《ぜんこく》の森林《しんりん》や草原《そうげん》などに飛来《ひらい》する夏鳥《なつどり》　**大《おお》きさ**：全長約《ぜんちょうやく》35cm（広《ひろ》げた翼《つばさ》：約《やく》60cm）　**体重《たいじゅう》**：70〜130g
1回《かい》に産《う》む子《こ》の数《かず》：1卵《らん》　**寿命《じゅみょう》**：約《やく》6年《ねん》

ほかの鳥《とり》におまかせ！

コモンマーモセット

生息地《せいそくち》：ブラジル北東部沿岸《ほくとうぶえんがん》の熱帯林《ねったいりん》
大《おお》きさ：体長《たいちょう》20〜30cm　**体重《たいじゅう》**：200〜500g
1回《かい》に産《う》む子《こ》の数《かず》：1〜3子《し》
寿命《じゅみょう》：野生《やせい》で10〜15年《ねん》

お父《とう》さんが子育《こそだ》て

第《だい》26話《わ》

都会《とかい》で生《い》き抜《ぬ》くタヌキ

～生《い》きる場所《ばしょ》～

偶然《ぐうぜん》見《み》かけたタヌキに昴《すばる》は興味《きょうみ》しんしん。タヌキの捜査《そうさ》を始《はじ》めることに！

夜《よる》7時《じ》すぎ、昴《すばる》はスイミング教室《きょうしつ》を終《お》えて、家《いえ》に向《む》かった。住宅地《じゅうたくち》に入《はい》ると、道路脇《どうろわき》の排水溝《はいすいこう》からひょこっと、何《なに》かが顔《かお》を出《だ》した。

（ネコ？）

そのどうぶつはあたりを見《み》まわしてから、道路《どうろ》に上《あ》がった。街灯《がいとう》に照《て》らされた体《からだ》は黒《くろ》に近《ちか》い茶色《ちゃいろ》でネコより大《おお》きく、おでこが白《しろ》っぽくて目《め》のまわりが黒《くろ》い。

（犬《いぬ》っぽいけど、ちがうような……。なんか、かわいい）

昴《すばる》がそんなふうに考《かんが》えていると、そのどうぶつはスタスタと道路《どうろ》を横切《よこぎ》り、近《ちか》くの家《いえ》の垣根《かきね》をくぐって行《い》ってしまった。

（あ～あ、もうちょっと見《み》たかったのに）

昴《すばる》は家《いえ》に帰《かえ》ると、お母《かあ》さんにさっき見《み》かけたどうぶつの話《はなし》をした。

「犬《いぬ》でもネコでもなければ、ハクビシンとか、タヌキじゃない？」

お母《かあ》さんの返事《へんじ》に、昴《すばる》はおどろいた。

「えっ、そんなどうぶつが東京《とうきょう》にいるの？」

「前《まえ》にテレビでやってたよ」

「へえ～」

夕食後《ゆうしょくご》、昴《すばる》はさっそくお母《かあ》さんのパソコンを借《か》りて検索《けんさく》してみた。

タヌキもハクビシンも、東京《とうきょう》で、それも23区内《くない》での目撃情報《もくげきじょうほう》があった。道路《どうろ》を歩《ある》くタヌキの写真《しゃしん》や、電線《でんせん》の上《うえ》を歩《ある》くハクビシンの写真《しゃしん》がのっている。

「すごーい！」

ほかにも、東京《とうきょう》でアライグマやアナグマも目撃《もくげき》されているという。

「どれも見《み》た目《め》が似《に》ていて、ちがいがわかりにくいなあ」

このなかで一番《いちばん》体《からだ》が大《おお》きいのはタヌキだが、子《こ》どもはネコぐらいで、夏《なつ》は毛《け》が抜《ぬ》けて

やせて見《み》えるというので、大《おお》きさだけでは見分《みわ》けられそうにない。
「ちがいはあるのかな？」
特徴《とくちょう》を調《しら》べると、タヌキは目《め》のまわりの黒《くろ》い模様《もよう》が左右《さゆう》ではなれていて、尾《お》は太《ふと》め。
ハクビシンはおでこから鼻《はな》にかけて白《しろ》いラインがあって、尾《お》が長《なが》いとあった。
アライグマは、全身《ぜんしん》が灰色《はいいろ》っぽくて、尾《お》は黒《くろ》と灰色《はいいろ》の横《よこ》じま模様《もよう》。アナグマは、目《め》のまわりに縦長《たてなが》の黒《くろ》い模様《もよう》があるという。
「ぼくが見《み》たのは、タヌキっぽいな」
昴《すばる》は近所《きんじょ》にタヌキがいると思《おも》うと、わくわくした。

翌日《よくじつ》、昴《すばる》は友《とも》だちの晴樹《はるき》に、タヌキの話《はなし》をした。
ところが、
「え〜、ぜったいタヌキなんていないって。ネコと見《み》まちがえたんだろ」

と、信《しん》じてくれない。

「本当《ほんとう》にいたんだよっ」

昴《すばる》がむきになると、晴樹《はるき》はあきれたように言《い》った。

「じゃあ、証拠《しょうこ》を見《み》せろよ」

「証拠《しょうこ》……。わかったよ。見《み》せてやるよ！」

その日から、昴《すばる》は放課後《ほうかご》になるとカメラを持《も》って、タヌキを見《み》かけたあたりを歩《ある》いた。

証拠写真《しょうこしゃしん》を撮《と》るつもりだったが、なかなかタヌキは現《あらわ》れない。

土曜日《どようび》、昴《すばる》が公園《こうえん》を歩《ある》いていると、晴樹《はるき》に会《あ》った。

「よお、タヌキの証拠《しょうこ》、まだおさえられないの？」

昴《すばる》は、目《め》をそらした。

「やっぱり、見《み》まちがえだな」

すると、近《ちか》くのベンチに座《すわ》っていたおじいさんが、話《はなし》に入《はい》ってきた。

「タヌキは警戒心《けいかいしん》が強《つよ》いから、そうそう人前《ひとまえ》には出《で》てこないぞ」

昴《すばる》は、おじいさんを見《み》た。
「タヌキのこと、知《し》ってるんですか!?」
「わしは図書館《としょかん》の裏《うら》の柵《さく》から、タヌキが出《で》てくるのを見《み》た。むやみやたらに探《さが》しても、むだだ。タヌキの習性《しゅうせい》を調《しら》べて、目撃情報《もくげきじょうほう》を集《あつ》めて、出《で》そうなところで張《は》り込《こ》むんだ」
晴樹《はるき》が、口《くち》をはさんだ。
「なんか、探偵《たんてい》みたいだな」
「はっはっ」と、おじいさんが笑《わら》った。
昴《すばる》は、目《め》を輝《かがや》かせた。
「ありがとうございました!」
昴《すばる》は頭《あたま》を下《さ》げると、急《いそ》いで公園《こうえん》を出《で》た。後《あと》から、晴樹《はるき》が追《お》いかけてくる。
「おい、昴《すばる》。どこに行《い》くんだよ!?」
「図書館《としょかん》!」
「おれも行《い》く」

「えっ？」

昴《すばる》が立《た》ち止《ど》まると、晴樹《はるき》は照《て》れくさそうに頭《あたま》をかいた。

「なんか、おもしろそうだし……」

昴《すばる》はふっと、笑《わら》った。

「うん、おもしろいよ!!」

ふたりは、図書館《としょかん》の裏《うら》にまわった。鉄《てつ》の柵《さく》の向《む》こうには、雑木林《ぞうきばやし》が広《ひろ》がっている。

「こんなすき間《ま》を、タヌキが通《とお》るんだ」

昴《すばる》がつぶやくと、晴樹《はるき》も感心《かんしん》したようにうなずいた。

ふたりは電柱《でんちゅう》の陰《かげ》にかくれるようにしてタヌキを待《ま》ったが、1時間《じかん》経《た》ったあたりでやめた。

「出《で》てこなさそうだな」

晴樹《はるき》の言葉《ことば》に、昴《すばる》はため息《いき》をついた。

「おじいさん、でたらめ言《い》ったのかな……」
晴樹《はるき》が、昴《すばる》の肩《かた》に手《て》を回《まわ》した。
「タヌキについて、もう少《すこ》し調《しら》べてみようぜ」
ふたりは図書館《としょかん》に入《はい》って、タヌキに関《かん》する本《ほん》を開《ひら》いた。
「へえ～、タヌキは夜行性《やこうせい》なんだ。どおりで昼間《ひるま》は探《さが》しても見《み》つからないわけだ」
納得《なっとく》する昴《すばる》に、晴樹《はるき》が聞《き》いた。
「明日《あした》の夜《よる》、張《は》り込《こ》んでみる？」
「いいね！　お母《かあ》さんに頼《たの》んでみよう」
ふたりは、本《ほん》を読《よ》み進《すす》めた。

タヌキは雑食《ざっしょく》で、カキやリンゴ、ドングリなどの実《み》を好《この》む。またバッタやカマキリといった昆虫《こんちゅう》、ネズミや魚《さかな》、ミミズ、カエルも食《た》べる。住宅街《じゅうたくがい》などに生息《せいそく》しているタヌキは人間《にんげん》が残《のこ》した弁当《べんとう》やドッグフード、キャットフードなども食《た》べることがある。

「それにしても、東京《とうきょう》にいるタヌキって、どこから来《き》たんだろう？」

晴樹《はるき》がつぶやくと、昴《すばる》は首《くび》をかしげた。

「やっぱり、山《やま》のほうから来《き》たんじゃないの？　あっ、ここ」

昴《すばる》は開《ひら》いているページを、晴樹《はるき》に見《み》せた。

東京《とうきょう》のタヌキはもともとその地域《ちいき》で暮《く》らしてきたタヌキの子孫《しそん》で、森《もり》や雑木林《ぞうきばやし》、河川敷《かせんじき》など、自然《しぜん》が残《のこ》っている場所《ばしょ》で暮《く》らしている。

「おれたちよりも前《まえ》から、この町《まち》にいるってことか」

「それで、今《いま》も図書館《としょかん》の裏《うら》の雑木林《ぞうきばやし》にいるんだ」

昴《すばる》は、次《つぎ》のページをめくった。

ねぐらは、ほかのどうぶつが使《つか》った巣穴《すあな》や、※木《き》のうろ。ただし、自然《しぜん》が減《へ》ってくると、人家《じんか》の床下《ゆかした》を使《つか》うこともある。また、ためフンといって、タヌキは家族《かぞく》で決《き》まった場所《ばしょ》にフンをする。このフンがとてもくさいため、人家《じんか》の庭《にわ》にすると、住民《じゅうみん》に嫌《いや》がられる。畑《はたけ》や花壇《かだん》を荒《あ》らして、人《ひと》にめいわくをかけることもある。

※木《き》の幹《みき》や太《ふと》い枝《えだ》にあいた穴《あな》

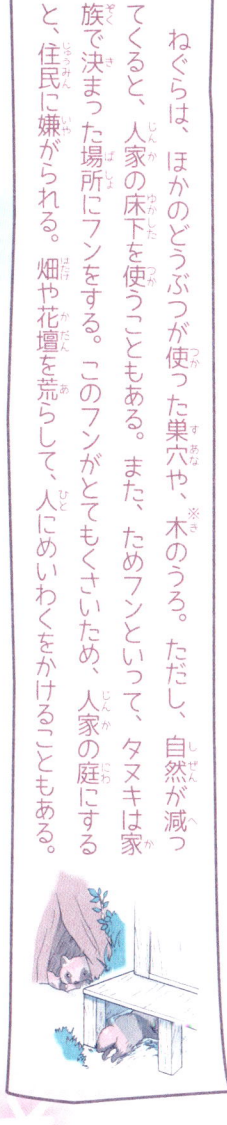

「たしかに、タヌキが庭《にわ》に来《く》るのはうれしいけど、フンをされたり、床下《ゆかした》に住《す》みつかれたりするのは、ちょっと困《こま》るね」
昴《すばる》が言《い》うと、晴樹《はるき》は口《くち》をとがらせた。
「タヌキのほうが古《ふる》くからこの町《まち》にいるなら、自然《しぜん》を減《へ》らされてめいわくしてるのはタヌキのほうじゃないの？　タヌキはどう暮《く》らせばいいんだよ」
昴《すばる》はうーんと、腕《うで》を組《く》んだ。
（タヌキの暮《く》らしかあ……）
晴樹《はるき》がちらっと、夕焼《ゆうや》け色《いろ》に染《そ》まる窓《まど》の外《そと》を見《み》た。
「そろそろ、帰《かえ》ろうぜ」

＊＊＊＊＊＊＊

翌日《よくじつ》、ふたりは親《おや》に許可《きょか》をもらって、夕方《ゆうがた》6時《じ》すぎから張《は》り込《こ》みを開始《かいし》した。図書館《としょかん》裏《うら》の電柱《でんちゅう》の陰《かげ》にかくれて、柵《さく》を見《み》る。
すっかり日《ひ》が落《お》ちた7時《じ》ごろ、ガサガサと、草《くさ》をかきわける音《おと》がして、少《すこ》しはなれた

場所《ばしょ》の柵《さく》から、タヌキが出《で》てきた。

「あっ」

晴樹《はるき》が声《こえ》をあげると、昴《すばる》はしっと、くちびるに人差《ひとさ》し指《ゆび》をあてた。

最初《さいしょ》に2匹《ひき》が出《で》てきて、あとから、小《ちい》さめの子《こ》どもたちがわらわらと、4匹出《ひきで》てくる。タヌキたちは道路《どうろ》を渡《わた》って見《み》えなくなった。

「かわいかったなあ～！」と、晴樹《はるき》が興奮《こうふん》して言《い》った。

「写真《しゃしん》を撮《と》るの忘《わす》れた！」

昴《すばる》が声《こえ》をあげると、

「まったくー。まっ、タヌキがいることは証明《しょうめい》されたけどな」

晴樹《はるき》は、晴《は》れ晴《ば》れした顔《かお》で笑《わら》った。

昴《すばる》は、夜空《よぞら》を見《み》あげた。

（タヌキには、タヌキの暮《く》らしがある。きっと、ぼくらはさわがず、近《ちか》づきすぎず、そっとしておくのがいいのだろう……。タヌキが生《い》きられる自然《しぜん》を守《まも》りながら――）

〜命《いのち》への感謝《かんしゃ》〜

第《だい》27話《わ》 ありがとう花《はな》子《こ》

久《ひさ》しぶりの動物園《どうぶつえん》に大《おお》はしゃぎのあい。でもそこには……。

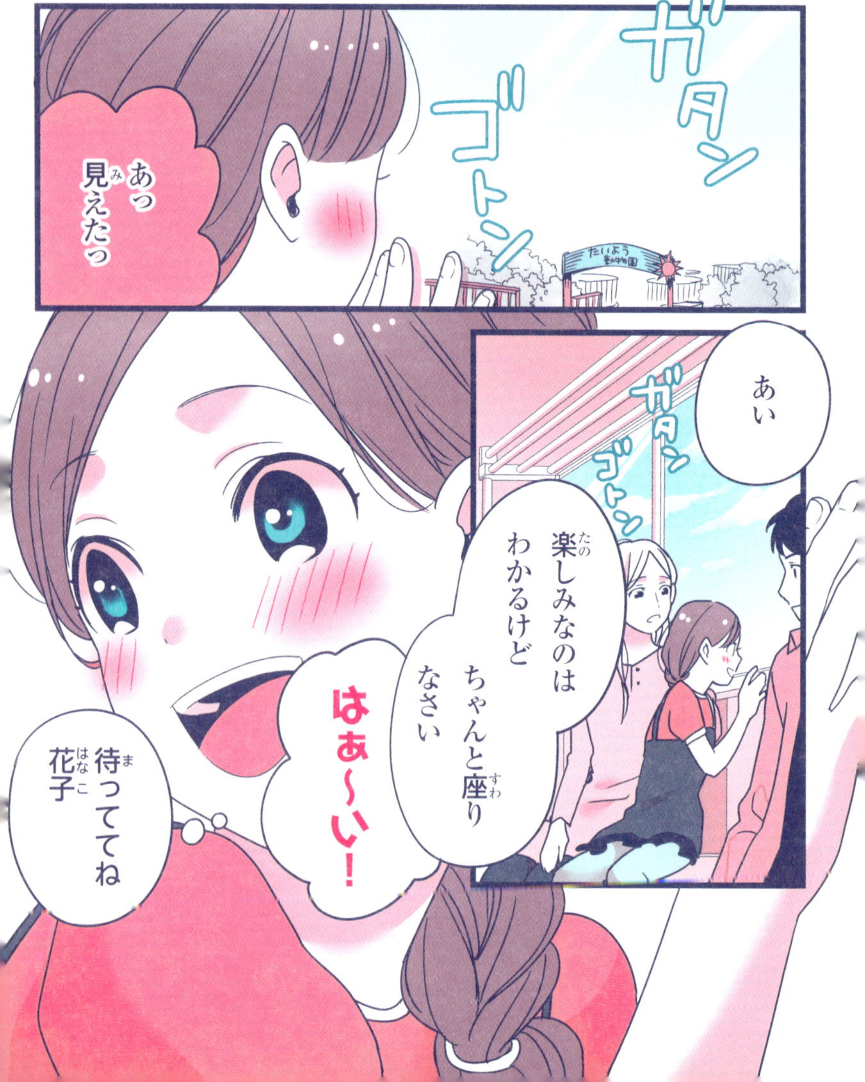

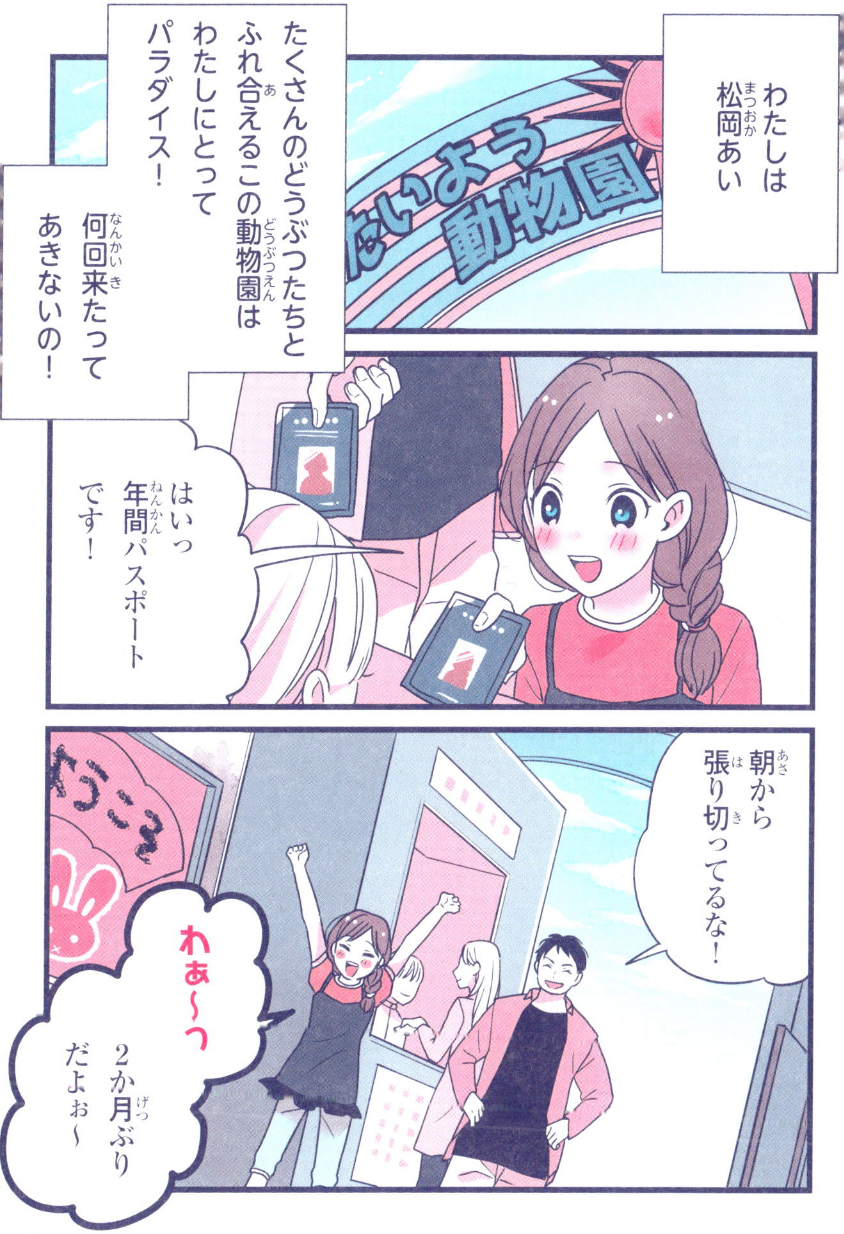

わたしは
松岡《まつおか》あい
たいよう動物園
たくさんのどうぶつたちと
ふれ合《あ》えるこの動物園《どうぶつえん》は
わたしにとって
パラダイス！
何回《なんかい》来《き》たって
あきないの！
はいっ
年間《ねんかん》パスポート
です！
朝《あさ》から
張《は》り切《き》ってるな！
わぁ〜っ
2か月《げつ》ぶり
だよぉ〜

やっぱり動物園《どうぶつえん》は最高《さいこう》！
どうぶつには人《ひと》を元気《げんき》にするふしぎな力《ちから》があるみたい
おっ ゾウが水浴《みずあ》びしているな
今日《きょう》は暑《あつ》いからね 耳《みみ》をパタパタさせているのは 耳《みみ》に張《は》りめぐらされた血管《けっかん》を通《とお》る血液《けつえき》を冷《ひ》やして体温調節《たいおんちょうせつ》してるんだよ
わっ カンガルーが増《ふ》えてる！
カンガルーって後《うし》ろには進《すす》めないんだって！

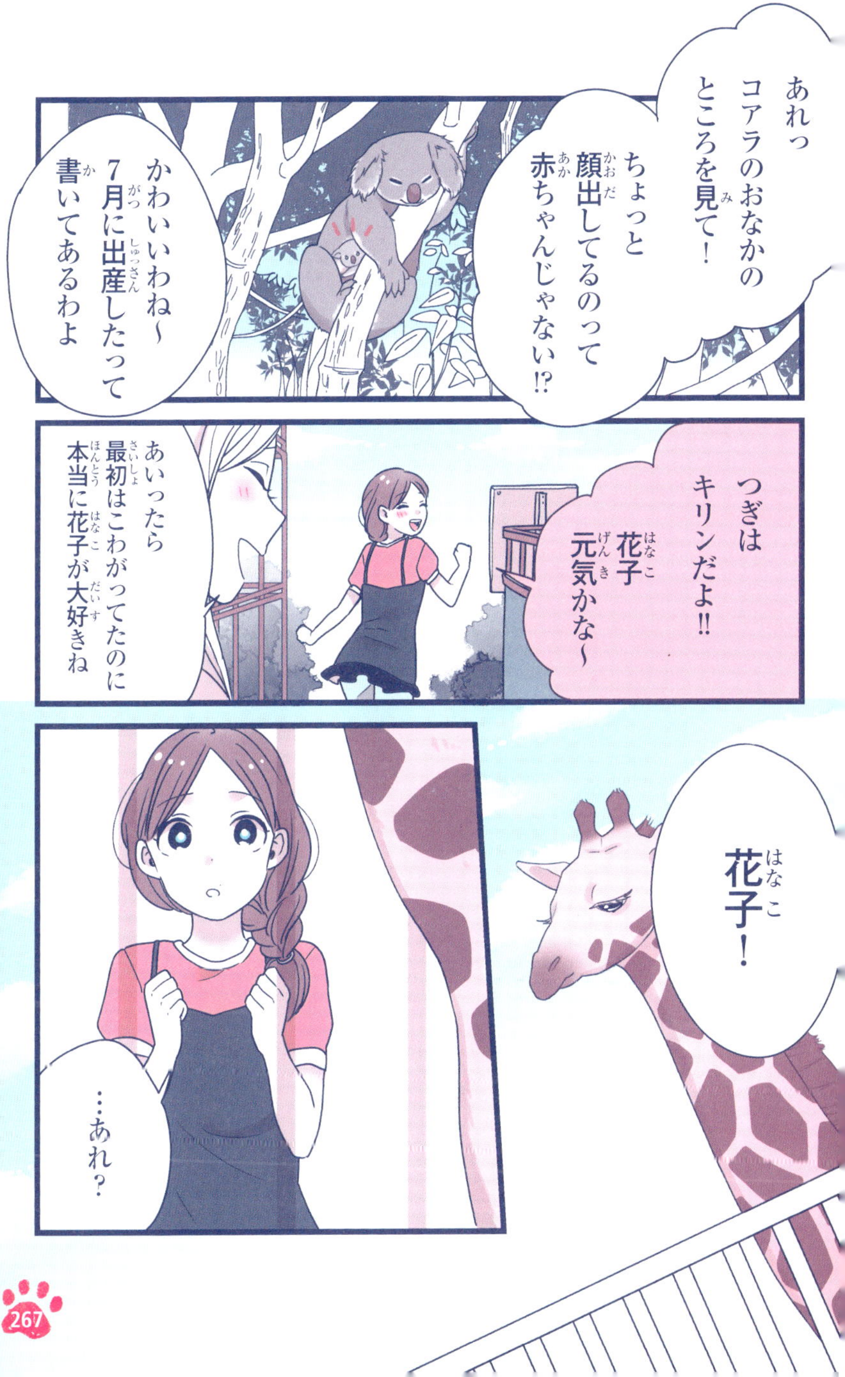

あれっ コアラのおなかのところを見《み》て！
ちょっと顔出《かおだ》してるのって赤《あか》ちゃんじゃない!?
かわいいわね～ 7月《がつ》に出産《しゅっさん》したって書《か》いてあるわよ
つぎはキリンだよ!! 花子《はなこ》元気《げんき》かな～
あいったら 最初《さいしょ》はこわがってたのに本当《ほんとう》に花子《はなこ》が大好《だいす》きね
花子《はなこ》！
…あれ？

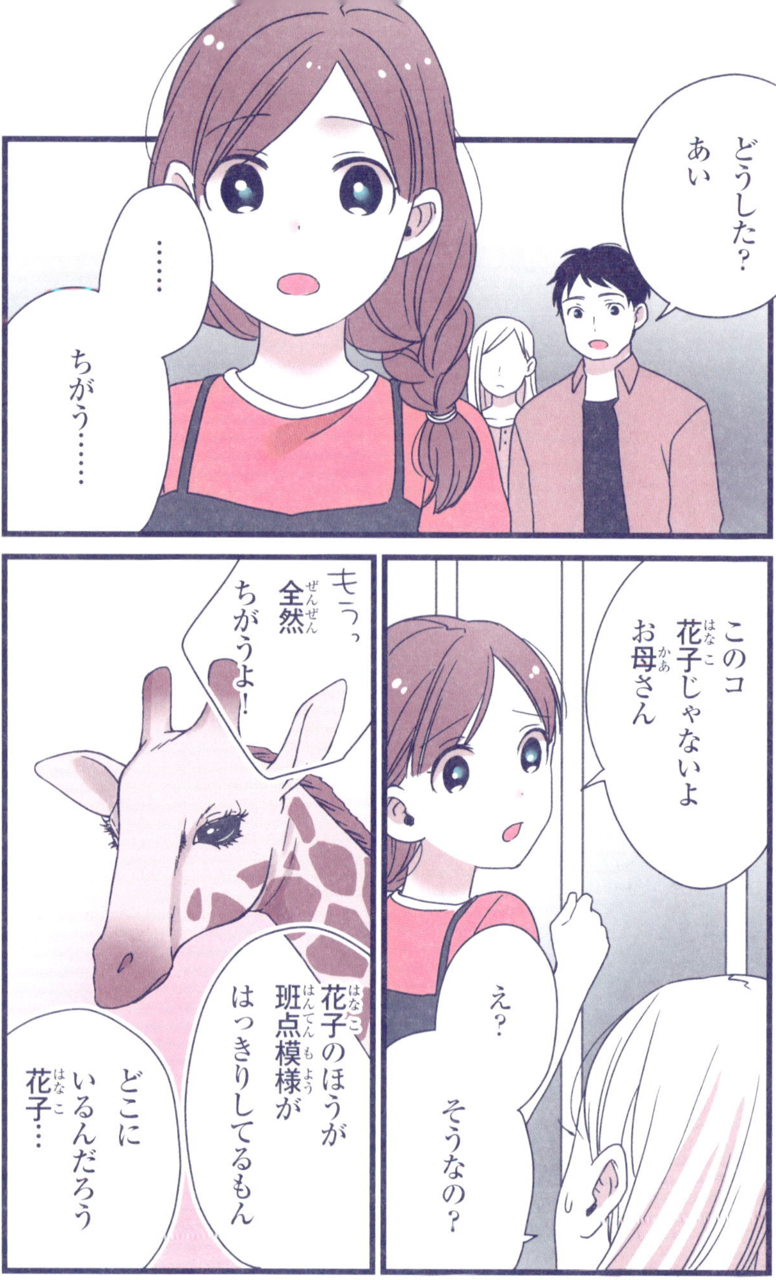
どうした？あい
……ちがう……
このコ花子《はなこ》じゃないよお母《かあ》さん
え？そうなの？
もうっ全然《ぜんぜん》ちがうよ！
花子《はなこ》のほうが班点《はんてん》模様《もよう》がはっきりしてるもん
どこにいるんだろう花子《はなこ》…

ヨロシクね！
スミレ
ヨロシクね！
…本当《ほんとう》だ
先月《せんげつ》星空動物園《ほしぞらどうぶつえん》からやってきたスミレだって
よく気《き》づいたなー
あいのキリン好《ず》きは本物《ほんもの》ね
花子《はなこ》は？
花子《はなこ》はどうしたの…？

あいちゃん 久《ひさ》しぶり じゃないか
最近《さいきん》見《み》かけないから どうしたのかと 思《おも》ってたよ
元気《げんき》だった かい？
飼育員《しいくいん》さんっ 花子《はなこ》は どこですかっ？
…花子《はなこ》
スミレちゃんって コしか見当《みあ》たら なくて
久《ひさ》しぶりに 花子《はなこ》に会《あ》いに きたのに――
じつは―…

花子《はなこ》は…
飼育舎内《しいくしゃない》で足《あし》をひねってバランスをくずしてしまって…
転《ころ》んじゃったの!?
ああ
その影響《えいきょう》で首《くび》があげられず胃《い》の中《なか》の食《た》べ物《もの》が食道《しょくどう》に戻《もど》って
気管《きかん》がつまってしまってね……息《いき》が

あいちゃんは知《し》っていると思《おも》うけど
基本的《きほんてき》には体《からだ》の大《おお》きなどうぶつは長時間《ちょうじかん》同《おな》じ姿勢《しせい》で横《よこ》になっていると
それだけで内臓《ないぞう》などに大《おお》きな負担《ふたん》がかかってしまうんだ
血管《けっかん》が圧迫《あっぱく》されて死《し》に至《いた》ることだってある…
ほんの少《すこ》しのケガが命《いのち》とりになることもあるんだよ
うそ…
花子《はなこ》死《し》んじゃったの？

そんな……どうして……
花子《はなこ》…
キリンさん久《ひさ》しぶり！
いつ見《み》ても長《なが》い首《くび》～
脚《あし》ほそーい
…みんな花子《はなこ》じゃなくてもいいんだ
花子《はなこ》のかわりなんていないのに……

こんなの花子《はなこ》がかわいそうだよ…っ
あい…
あいちゃん…
お父《とう》さんお母《かあ》さん
少《すこ》しお時間《じかん》もらえませんか？

あいちゃん
こっちに
来《き》てごらん
丘《おか》の上《うえ》…？
どうぶつなんて
いたかしら…？
ああ
ここです
たいよう動物園
慰霊碑

これ…
この園《えん》で命《いのち》を全《まっと》うしたどうぶつたちの慰霊碑《いれいひ》だよ
慰霊碑《いれいひ》…？
そう どうぶつたちが生《い》きてきた証《あかし》
亡《な》くなったどうぶつたちに感謝《かんしゃ》の思《おも》いをささげる場《ば》だよ
お花《はな》がいっぱい…
みんなここにお参《まい》りしにくるの？

そうだよ われわれ職員《しょくいん》だけでなく あいちゃんのように どうぶつたちのことを 家族《かぞく》のように 大事《だいじ》に思《おも》ってくれる人《ひと》も
お花《はな》を供《そな》えに 来《き》てくれるんだ
動物園《どうぶつえん》は どうぶつたちの命《いのち》を守《まも》って つぎの世代《せだい》に 伝《つた》えていく責任《せきにん》がある
地球上《ちきゅうじょう》には 多種多様《たしゅたよう》な どうぶつが生《い》き 暮《く》らしている
大《おお》きなどうぶつも 小《ちい》さなどうぶつも 命《いのち》の重《おも》さにちがいはない どうぶつを好《す》きになって こうして大切《たいせつ》に 思《おも》ってくれることを すごくうれしく思《おも》う
…あのっ
これから動物園《どうぶつえん》に 来《く》るときはここにも 寄《よ》っていいですか?

――ねえ花子《はなこ》、聞《き》こえてる？
初《はじ》めて花子《はなこ》に会《あ》ったとき
世《よ》の中《なか》にこんなに大《おお》きなどうぶつがいたのかって
すごくびっくりした
細《ほそ》いと思《おも》っていた首《くび》はとても太《ふと》くて
正面《しょうめん》から見《み》た表情《ひょうじょう》がとってもユニークで
あっという間《ま》に花子《はなこ》のファンになったんだ

その日《ひ》から
キリンのこといろいろ勉強《べんきょう》したんだよ
花子《はなこ》のことたくさん知《し》りたかったから——
いつの間《ま》にかほかのどうぶつにもくわしくなって
友《とも》だちからは「どうぶつ博士《はかせ》」って言《い》われてるんだよ

花子《はなこ》
世界《せかい》の広《ひろ》さを教《おし》えてくれてありがとう
楽《たの》しい思《おも》い出《で》をたくさんありがとう

これからもここに
会《あ》いにくるね

青《あお》空《ぞら》純《じゅん》物《もの》語《がたり》

第《だい》28話《わ》

~命《いのち》を感《かん》じて~

どうぶつたちとともに

園長《えんちょう》の話《はなし》に胸《むね》を打《う》たれた純《じゅん》。あらためてどうぶつと向《む》き合《あ》う。

園長《えんちょう》のお話《はなし》を聞《き》いたあと
わたしと小春《こはる》さんはどうぶつとのふれあい広場《ひろば》に移動《いどう》しました
ただどうぶつを見《み》に動物園《どうぶつえん》に通《かよ》っていたときと
園長《えんちょう》や小春《こはる》さんのお話《はなし》を聞《き》いたあとでは
どうぶつたちの姿《すがた》がちがって見《み》えました

今《いま》までの動物園《どうぶつえん》ではどうぶつたちの「姿形《すがたかたち》」がよく見《み》える展示《てんじ》をしていたけど
今《いま》はどうぶつたちの「自然《しぜん》のままの行動《こうどう》や能力《のうりょく》」を知《し》ってもらえるように工夫《くふう》しているんだよ
たとえばペンギン――陸上《りくじょう》では置《お》き物《もの》のようにじっと立《た》っているだけの印象《いんしょう》だけれど
水中《すいちゅう》では矢《や》のようなスピードで泳《およ》ぎ魚《さかな》をつかまえる
透明《とうめい》な水《すい》そうの外側《そとがわ》から水中《すいちゅう》を見《み》られるようにすることで本来《ほんらい》の姿《すがた》を間近《まぢか》で観察《かんさつ》できるようになっている

動《うご》くどうぶつたちを
下《した》から見《み》られるのは
どうぶつの世界《せかい》に
入《はい》り込《こ》んだようで
ワクワクするし
動物園《どうぶつえん》の裏側《うらがわ》を
案内《あんない》してもらえる
「バックヤードツアー」や
どうぶつの
エサやり体験《たいけん》――
どうぶつにも
来園者《らいえんしゃ》にも
園《えん》で働《はたら》くみなさんの
あったかい気持《きも》ちが
伝《つた》わってくる――

動物園《どうぶつえん》の仕事《しごと》も
ステキだな――…
青空《あおぞら》さんっ
着《つ》いたわよ！
ここがうちの園《えん》自慢《じまん》のふれあい広場《ひろば》
いろんな種類《しゅるい》がいるけど
ストレスにならないように「人《ひと》とふれ合《あ》うことが好《す》きなコ」だけを集《あつ》めているのよ

ヒツジやヤギ
小動物《しょうどうぶつ》
ブタや
カピバラまで
どうぶつに
会《あ》いにきた
人《ひと》たちも
どうぶつも
みんな
楽《たの》しそう
あっちに
子《こ》ウサギが
いるわよ！
さわって
みる？
え!?
いいんですか？

はい
やさしくそっとだいてあげてね
わあ……
ふわふわで
あったかぁーい♡
ウサギの体温《たいおん》は39度前後《どぜんご》よ
！
人間《にんげん》の体温《たいおん》より高《たか》い！
だからあったかく感《かん》じるんですね！
そのとおり！

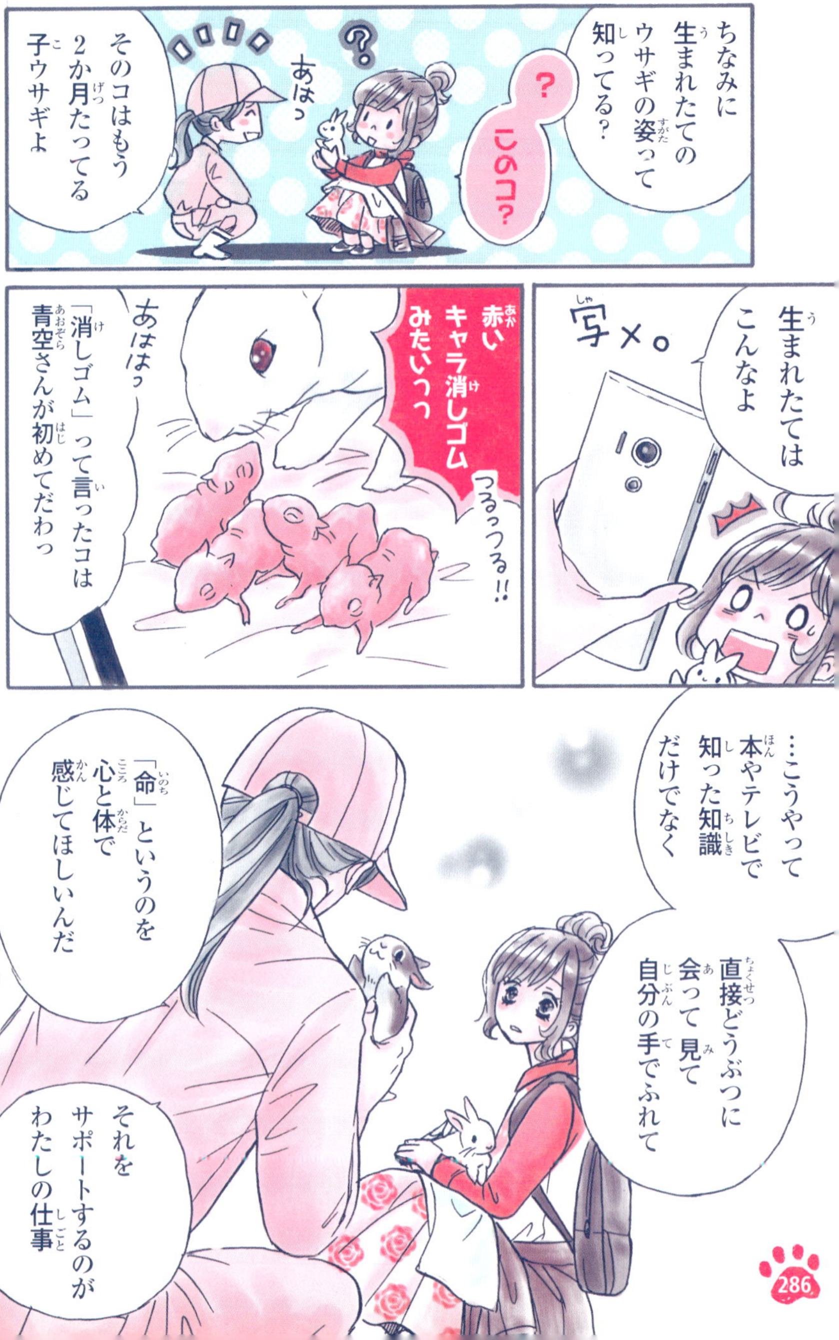
ちなみに生《う》まれたてのウサギの姿《すがた》って知《し》ってる？
？
このコ？
あはっ
そのコはもう2か月《げつ》たってる子《こ》ウサギよ
生《う》まれたてはこんなよ
写《しゃ》メ。
赤《あか》いキャラ消《け》しゴムみたいっっ
つるっつる!!
あははっ
「消《け》しゴム」って言《い》ったコは青空《あおぞら》さんが初《はじ》めてだわっ
…こうやって本《ほん》やテレビで知《し》った知識《ちしき》だけでなく
直接《ちょくせつ》どうぶつに会《あ》って見《み》て自分《じぶん》の手《て》でふれて
「命《いのち》」というのを心《こころ》と体《からだ》で感《かん》じてほしいんだ
それをサポートするのがわたしの仕事《しごと》

「命《いのち》」って
覚《おぼ》える
ものじゃなく
感《かん》じるもの
だものね
小春《こはる》さんの
横顔《よこがお》は
とっても
やさしくて
まぶしかった
小《ちい》さな命《いのち》を
だきしめながら
誓《ちか》う
ギュ…
わたしも
どうぶつたちと
真剣《しんけん》に向《む》き合《あ》って
いくんだ――

◯カバーイラスト ——— 鷲尾美枝
◯カバーデザイン ——— 棟保雅子
◯マンガ ——— エスミスミ　酒井だんごむし　沢音千尋　瞳ちご
街村沙耶　松浦はこ　みやうち沙矢　村崎翠
ものゆう　鷲尾美枝
◯挿絵 ——— 久木ゆづる　ひのもとめぐる　街村沙耶　松浦はこ
みやうち沙矢
◯ストーリー ——— ささきあり
◯マンガシナリオ ——— ささきあり（第3、14、15、17話）
◯監修 ——— 旭川市旭山動物園（第14話）
海洋博公園（第15話）
今泉忠明（第18～25話）
◯本文デザイン・DTP ——— 棟保雅子　チャダル108
◯写真提供 ——— i Stock/Getty Images
◯編集協力 ——— 株式会社アルバ

★「ミラクルラブリー♡どうぶつ写真館」に登場してくれたどうぶつたち
アンジュトゥーヌソル、いずも、うさぎだぴょんた、うるめ、キラ、けんた、ココ、こてつ、コハル、米（こめ）、サクラ、珊瑚、シルク、すずらん、太郎、チップ、てぃが、ティム、テン、てん助、バニラ、バロン、フラ、プリムヴェール、ベリー、ベル、ポー、米（まい）、マヨ、マロニー、みのり、ミャーコ、ミルク、むぎ、モニカ、ゆうた、ゆず、りき、ルーク、ルモ、レイ、ロン

ミラクルラブリー♡
感動《かんどう》のどうぶつ物語《ものがたり》 命《いのち》の輝《かがや》き

2016年 9月15日発行　第1版
2019年 9月30日発行　第1版　第7刷
●編著者 ——— 青空 純［あおぞら じゅん］
●発行者 ——— 若松 和紀
●発行所 ——— 株式会社西東社《せいとうしゃ》
〒113-0034 東京都文京区湯島2-3-13
営業部：TEL（03）5800-3120　FAX（03）5800-3128
編集部：TEL（03）5800-3121　FAX（03）5800-3125
URL：http://www.seitosha.co.jp/

ISBN978-4-7916-2492-8